KSS 近代消防新書 018

市民防災力

－うち続く大災害にどう備えるか－

松井一洋

近代消防社 刊

目次

まえがき

遠からず、またしても大災害がわが国のいずれかの地方に襲来し、かけがえのない人命を奪い、大切な財産と築き上げた街を破壊する。日本列島に住むわが民族の宿痾ともいうべき「不条理な悲劇」は終わらない。

第二次世界大戦の惨禍から見事な復興を遂げ、災害対策基本法制定（1961）から34年にも及んだ平穏な気象・地象に優しく抱かれ豊かな社会の建設に邁進してきた20世紀の終わり、未曾有の都市災害といわれた阪神・淡路大震災（1995）が神戸を襲った。瞬く間に通信が途絶、倒壊家屋等の瓦礫によって市内道路が閉塞され、「公助」が速やかに機能できなかった経験から、市民の「自助」、「共助」こそ、被災者救助に不可欠であると認識された。その後も次々と災害が発生しており、自然災害に対する警戒と備えを促し、自主防災組織を整備して被害を少なくする（減災）ための地域防災体制の充実強化が進められてきた。

阪神・淡路大震災後に構想された、地域防災をより効果的で意義あるものにするための民間資格である防災士は、2020年には全国で19万人を超えた。あわせて、各自治体も独自に地域防災リーダー（名称はそれぞれ異なるが）を養成している。主体的に日常的な備えの重要性を学び、災害発生時には避難支援や避難所運営に貢献しようという志の高い人材（国家的資源ともいうべき）は、ますますその存在が重要になってきた。

一方で、災害の「記憶の風化」は長足であり、阪神・淡路大震災のみならず東日本大震災すら、すでに歴史書の一ページとして語り継がれる事象になりつつある。毎年の発生日は、アニバーサリー・ジャーナリズム（記念日報道）と例えられる如く、「劇場型」に演出され、犠牲者への鎮魂と慰霊の日になっているが、いまだ、全国各地で自立に向けて苦闘する多くの被災者の姿が次第に見えなくなっていくのは、憂慮すべき事相である。

周知のとおり、近年の世界における災害研究の成果として「災害被害の大きさは、発生する前の社会構造や都市計画、地域コミュニティのあり方等をそのまま可視化（見える化）する」というテーゼが定立されている。そして、過去の大災害で幾多の犠牲のもとに獲得した教訓が、それぞれの地域で蓄積され、昇華されて、文化となって市民の命を守っていくための基盤となるのが、自主防災組織（新しい地域コミュニティ）である。

昨今の災害は、その発生や規模が不確実かつミステリー（人知では計り知れない）であり、事前につまびらかなシナリオを描くことなど不可能だが、帰納的防災（過去の災害個所や教訓の伝承）に関しては、地域の生活文化として、確実に備えることが求められる。南海トラフ巨大地震発生の切迫性が叫ばれるなかで、あるべき地域防災体制の具体化に対するコンセンサスを早期に確立し、実現していかなければならない。

本書では、筆者が、阪神・淡路大震災以来の地域防災力向上活動のなかで感じたいくつかの課題とその方向性について述べた。いまだ十分に熟していない論考もあるが、読者とともに今後さらに深めてまいりたい。

――巨大な災厄の日々は、きっと始まったばかりなのだと、わたしはここでも根拠なき予感を覚えている。あえて隠そうとは思わない。だからこそ、未知なる大きな地殻変動の日々にたいして、それぞれに足元から準備を始めなければならない。

『東北の震災と想像力』鷲田清一×赤坂憲雄（講談社）

第一章　日本人の災害観と防災文化

――人類には、神や天や仏から自然の管理責任が信託されている。これは地球的規模の環境倫理に適用可能であり、地球環境の保全と人類の生存は「天の命令」として理解することになろう。（稲垣久和）

減災社会を目指して

「減災（Disaster & Risk reduction）」は、『季刊防災（63）』（全国防災協会　1981）において、石原安雄（京都大学）が「治水の施設計画で目標とした出水の規模を上回るような大洪水の時には、（中略）生命財産の損失を最小限に食い止める方策を予め講じておくことが極めて重要なことは言うまでもない」と一定の被害発生を受容しそのうえで対策をとる考え方を表現したのが嚆矢であると言われている。その発想は、阪神・淡路大震災（1995）以降のわが国の防災対策の基本理念になった。

その16年後、２０１１年3月11日に発生した東日本大震災はいまだ記憶に新しいが、引き続いて、「南海トラフ巨大地震」の発生が切迫しているという警告が発せられ、防災基本計画や災害対策基本法等の諸改正とともに、減災のためのさらなる国家社会システムの強靱化が焦眉の急である。また、国民の防災意識も高まり、２０１９年4月1日現在では、全国１、７４１市町村のうち１、６８４市町村で１６７、１５８の自主防災組織が設置されており、活動カバー率は84・1%となっている（消防白書令和元年版）。

しかし、第二次世界大戦後の自由主義や個人主義教育およびメディアの発達等により、人生観や社会観に関わる道徳や倫理、行動規範の価値観が多様化しているわが国にあって、地域住民がそれぞれ心を一つにして「来るべき不幸＝大災害」に立ち向かう備えをすることはかなり難しい。防災は、現代社会の共通善（common good）であり、不可欠の住民活動であることに異論はないとはいえ、有無を言わさず地域住民のすべてに防災活動への参加を強いるような、あたかも戦時中の「隣組」的発想では、目指すべき21世紀型の相互扶助（共助）社会と地域防災力の向上は決して実現しない。

本章では、災害対策基本法改正によって新たに定められた基本理念（第2条の2第2項「国、地方公共団体及びその他の公共機関の適切な役割分担及び相互の連携協力を確保するとともに、これと併せて、住民一人一人が自ら行う防災活動及び自主防災組織（住民の隣保協同の精神に基づく自発的な防災組織をいう。以下同じ。）その他の地域における多様な主体が自発的に行う防災活動を促進すること」の実現を目指して、地域防災活動の精神的基盤となる日本人の災害観と防災文化について考察する。

なお、災害情報論において、しばしば強調される「人間は、正しい情報が与えられれば正しい行動をとることができる」という合理的人間観は、必ずしも、わが心優しき「瑞穂の国」の国民の人間観や人生観と通有的ではなく、ましてや、それを今後の災害情報政策の基本指針とすることへの疑念と不安が、筆者の意識の基底に通奏低音のように流れていることを先に付言しておきたい。

日本と西欧の自然と生活文化の原点

地理的条件

現生人類は、20万年以上前に地球上に出現し（Roger Lewin、渡辺毅（訳）『現生人類の起源』東京化学同人　1999）、極東の日本列島に到達したのは、最終氷河期の終わり、約3万年ほど前だといわれている（日本歴史民俗博物館HP）。環太平洋地震帯に位置する日本列島での生活は、火山噴火や地震多発、脊梁山脈より流れ下る急峻な河川の氾濫など厳しい自然条件との共生のなかで営まれてきたことだろう。

オギュスタン・ベルク（Augustin Berque）は「歴史は風土を通じてしか成立しない。つまり、歴史性と風土性は相互に構成しあっている。したがってまた風土を自然条件のみに還元して、歴史から切り離すわけにもいかない」（『風土の日本―自然と文化の通態』筑摩書房　1988）と述べている。和辻哲郎は「人間が己れの存在の深い根を自覚してそれを客体的に表現するとき、その仕方はただ歴史的にのみならずまた風土的に限定せられている。かかる限定をもたない精神の自覚はかつて行われたことはなかった」（『風土―人間学的考察』岩波文庫　1979）とし、わが国のようなモンスーン気候においては、湿潤な気候が、自然が、恵みと暴威の両方をもたらすという特徴から、自然に対する基本的なスタンス（自然観）が「受容的かつ忍従的」になったと指摘している（表1―1）。すなわちいわゆる環境決定論に傾斜した発想ではなく、日本の風土がもたらしたのは、自然にたいする畏敬と、自らの力ではいかんともしがたい宿命に弄ばれる人間の存在と命のはかなさ（諦念）の並存であるといえるのではないか。

このようなわが国の自然と人間との関係は、弥生時代以降の農耕社会における自然への依存関係によってよりゆるぎないものになった。洪水や火山噴火、地震などの災害は、到底、人間の力によって阻止できるものではないが、一方で、河川の氾濫によって山から豊かな養分を含んだ土砂が蓄積し、沖積平野における良好な農耕地が提供された。災害を予定するからこそ、家屋は、ほとんどが木材や土を使った脆弱な栖（すみか）であり、

表1－1　日本と西欧の生活文化の原点

	日本	西欧
地理的条件	・モンスーン型（暑熱と湿気との結合） 自然の恵み→受容的（謝恩的） 自然の暴威→忍従的 ・自然観～共生 ・人間の存在の仕方 しめやかな激情、戦闘的な恬淡 権力依存的（公助への期待大）	・牧場型（湿潤と乾燥） 自然が人間に対して従順である ・自然観～自然は征服すべき対象 ・人間の存在の仕方 合理的で穏健 個人主義的（自助・共助が基本）

出典：『風土』より筆者制作

仮の巣作りの場所であった。また、文化人類学の父と呼ばれるエドワード・バーネット・タイラー（Sir Edward Burnett Tylor）は、（『原始文化』Primitive Culture　１８７１）でこれを「宗教の起源」としたところの「八百万の神々が山川草木に宿る」という思想は、脈々と引き継がれてきた。「あらゆる事物や現象に霊魂、精霊が宿ると信じる観念・信仰（アニミズム）」（デジタル大辞典）は、現代人の深層心理にも深く根づいており「受容と忍従による自然との共生（symbiosis）」が継承されている。

災害というのは、人間社会が自然環境の変化に適応できない時と場所において発生する。災害史とは、自然による人間社会破壊の歴史である。地球上のそれぞれの地域における自然と人間の関係性によって、特有の自然観が育まれ、災害観が形成される。『風土』によれば、西欧（和辻は、西欧の気候風土を「牧場」に例えた）では、災害はほとんど発生しないし、夏は乾季であり、わが国のように農耕において、固く生い茂った雑草と格闘する必要がない。従って、人間は、自然を自らの意思によって支配し、容易に改変することができると考えるようになる。このような地域（西欧）に住む人々の自然観は、合理的精神と自然科学の発達により生活環境の改善を行う「合理的で穏健」なものである。

基礎的な精神文化

弥生時代になると、わが国には、朝鮮半島を経由して多くの北方系民族が渡来、コメや金属の道具が伝えられた。彼らは先住の縄文人と混血して、九州北部から瀬戸内、近畿にかけて広く居住し、佐賀県の吉野ヶ里丘陵に約50ヘクタールにわたって遺構が残る「吉野ヶ里遺跡」のように稲作を中心とした大規模な集団生活を営んだ。

やがて古墳時代の中ごろ（5～6世紀）、北方系モンゴロイドが陶器や製鉄の技術を伝え、これらの新しい技術による生産余剰と人口の増加によって、小集団の統合が活発に行われるとともに、カリスマ的リーダーに権力と富が集中する古代国家の時代が始まる。この歴史的変遷についてミッチェル・トマセロ（Michael Tomasello）は「すべての人間文化には、食べ物や希少な物品を共有したり、場合によっては交換したりするための規則と規範がある。交換のプロセスで、なんらかのモノに貨幣としての文化的な地位が与えられることがある。この地位により、そのモノは文化的な後ろ盾のある役割をもつようになる。また、規則と規範により、首長や大統領といった集団のリーダーがつくられたりもする。こうしたリーダーには、集団のために意志決定をしたり、さらには新たに規則をつくったりする特別な権利と義務がある」（『空間の日本文化』ちくま学芸文庫　１９９４）と述べている。

このような渡来人や異民族との融和の基本精神として、先史時代から自然にたいする受容的かつ忍従的な精神によって育まれてきた文化が、わが国では和（やわらぎ）の思想（厩戸皇子＝聖徳太子）として結実したのではなかろうか。いわば「異質なものと共存する方法（作法）」といってよいであろう。まさに「日本の古層」（丸山眞男『忠誠と反逆－転形成期日本の精神史的位相』ちくま学芸文庫　１９９８）である。『十七条の憲法』（６０４）では、「以和為貴」は、「篤敬三寶」（仏・法・僧）より前に挙げられており、必ずしも伝来仏教による感化ではない証拠になる（表1―2）。

あわせて、わが国のような狭隘な国土においては、さらに農耕や生活に適した好立地への集団移住は容易でないし、鎌倉時代以降の封建制による土地を前提（媒介）とした統治システムと荘園制度の崩壊に伴う寺院による檀家制度の普及によって、ひとところに定住する生活文化（「先祖伝来の土地」という考え方は、現在も根強い）が生まれたものと考えられる。

一方、西欧では、旧約聖書時代の激しい地球活動期から一転して、キリスト生誕以降の温暖な気候に恵まれた広大な平野に暮らす人々にとっては、必ずしもわが国のような日常生活維持のための緊密な相互協力を必要としなかった。しかし、地勢的に、しばしば侵入してくる凶暴な異民族や異教徒に対して、すべての市民が城（「まち」そのものが強固な城壁に囲まれている。

ポリスの伝統である）に立て籠もり、お互いの命を守るための愛他的かつ慈悲的な統一行動（Golden Rule に代表される思想）が求められたと言えるであろう。

日本と西欧の災害観

日本の自然観と災害観

先にも述べたように、日本列島に住む先人たちは、圧倒的な大自然の猛威を前にして、自らの存在の意義、儚く脆弱な生の意味を問い続けてきたに違いない。

西川治は「鳥獣や昆虫は鑑賞の

表１－２　日本と西欧の基礎的精神文化

	日　本	西　欧
基本思想	『和（やわらぎ）』の思想（十七条憲法） 一曰、以和爲貴、無忤爲宗。人皆有黨。亦少達者。以是、或不順君父。乍違于隣里。然上和下睦、諧於論事、則事理自通。何事不成。 二曰、篤敬三寶。々々者佛法僧也。則四生之終歸、萬國之禁宗。何世何人、非貴是法。人鮮尤悪。能教従之。其不歸三寶、何以直枉。 三曰、承詔必謹。君則天之。臣則地之。天覆臣載。四時順行、萬気得通。地欲天覆、則至懐耳。是以、君言臣承。上行下靡。故承詔必愼。不謹自敗。 ・・・・・・・・　（日本書紀） 注：下線は、筆者。	Golden Rule（黄金律） 「何事でも人々からしてほしいと望むことは、人々にもそのとおりにせよ」 マタイによる福音書７章12節 ルカによる福音書６章31節 （世界大百科事典　第２版）

出典：筆者制作

対象ともなれば、作物を荒らす敵ともなる。雪霜はいうに及ばず、長雨の情緒は洪水の恐怖となる。（中略）日本の自然風土は季節の変化、土地柄の差異も厳しく、ふだんは慈母のように優しく、時には厳父のように厳しいからである。（中略）その結果、荒ぶる神を畏怖する姿勢と、和御魂（にきみたま＝平和・静穏などの作用をする霊魂・神霊）に甘える心がともに培われ、マナイズム（１８９１年に英国の人類学者コドリントンが創唱したメラネシアの先住民たちの間で信じられている超自然的で非人格的な力であり、人間生活の吉凶禍福を支配する力）とアニミズムの共存を許す、矛盾にも寛大な精神風土が生まれた」（『日本観と自然環境―風土ロジーへの道―』暁印書館　２００２）と述べている。

災害は、現代の高度な科学技術や知見をもってしても、人智の遠く及ばぬ地球活動であるが、歴史的には、天命（天から与えられた宿命ないしは寿命）や運命（人間が幸福になるためには、定められた運命に従っていくべきという消極的運命論）であり、不可抗力（天災地変など人間の力ではどうにも抗うことのできない力や事象）であった。やがて中国から災害による惨禍・破局に際して、人々がやり場のない悲しみや辛苦を、時の権力者や為政者の悪政や懈怠への怒りに転嫁する「天譴（てんけん）」思想（新の時代に讖緯（せんい）思想といわれる予言思想が発展し、漢代には、董仲舒らによって、荀子の分離した天・人を結びつけ、政治のよしあしに対して天が感応して禍福をくだすとする天人相関説（天人感応説）が唱えられた）が伝えられた。

江戸時代には、財政赤字削減と経済安定を目指して、三大改革といわれる享保の改革（１７１６〜１７４５）、寛政の改革（１７８７〜１７９３）、天保の改革（１８４１〜１８４３）が実施されたが、これら幕政改革により倹約の強制や思想統制等、苛酷な生活を強いられた庶民の不満が、折々の災害発生を起爆剤にして、各地で一揆や打ちこわしに発展することもしばしばであった。「他者への責任転嫁による悲劇性の減殺」は、失われた対象（対象喪失）を断念して、悲哀を乗り越え、新しい生活を模索していく心理的なプロセス（「喪の作業（Mourning work）」）のひとつである。

ところで、わが国においては、災害発生時に「天譴」されるべきだと国民が主張するのは、いつの時代も天皇ではなく、天皇から授権された為政者（征夷大将軍など）である。

山折哲雄は、このような天皇権威と政治権力の二重構造について「天皇の権威が政治の権力からいつも相対的に自立していたことが重要ではないだろうか」（『日本文明とは何か―パクス・ヤポニカの可能性』角川書店　２００４）と述べている。東日本大震災直後、病躯をおして被災地に足を運び、避難所で膝をついて被災者を見舞い、津波で破壊された桟橋から海に向かって合掌される天皇皇后両陛下の姿に、被災者のみならず国民の多くが心の平安と例えようのない愛惜（あいじゃく）の念を抱いたものだが、天皇の存在は時間と論理を超え、ゆるぎない国民文化であるといえよう。

終末論と世直し期待論

社会が、政情不安や天変地異によって擾乱する時代には、神（超越者）の審判や救済に救いを求めようとする思想（終末論）が世界中に見られる。なお、仏教における末法思想は「正しい教法が衰滅して行われなくなること」であり、ここでいう終末論とは異なる。以下では、終末論を前提とする。

平安時代後期から鎌倉時代への政治的変革期に、『吾妻鏡』（鎌倉時代の歴史書。鎌倉幕府の初代将軍・源頼朝から宗尊親王まで6代の将軍記）によれば、大きな地震が頻発したと記録されている（鎌倉大地震）。その後も、災厄はひっきりなしに続き、江戸時代に入ると、富士山や浅間山の噴火、各地の大火災、そして三大飢饉（享保、天明、天保）の発生によって、終末論が盛んに言い広められた。17世紀末ごろからは「世直し」（世の中の悪い状態を直すことを意味する語『世界大百科事典』）も使われ始め、太平の世に人々が私利私欲に走ったことを戒める自戒的な思想として盲目の女性芸人瞽女（ごぜ）たちによって流布された。後に述べる関東大震災時の国民感情に相通じるものがある。

また、科学的には証明されていないが、大きな地震の前触れとして、地鳴りや地下水・温泉・海水等の水位変動、水質の変化、動物の異常行動などの宏観異常現象が発生すると言われる。鎌倉時代の暦にも「地震の虫」が描かれ、『愚管抄』（1220（承久2）年頃成立した天台宗僧侶慈円による鎌倉時代の日記）には「文治地震（1185年）は、清盛が龍になって起こした」と記されている。人口に膾炙している「ナマズが大地震を起こす」という俗説は「豊臣秀吉に始まる」（岳真也『今こそ知っておきたい「災害の日本史」』PHP文庫　2013）とされるが、江戸時代の中盤には庶民の間に広まり、安政の大地震（1850年代、日本各地で発生した大地震）の後、鯰絵（大鯰が地下で活動することによって地震が発生するという民間信仰）が盛んに描かれた。宮田登ほかによれば「当時世界最大の大都市となった江戸には、権力と結んだ豪商たちがはびこり、都市民の生活を圧迫していた。江戸市民の鬱積していた怒りが、大地震を起こす鯰男のイメージに投映していたことは、鯰絵のいくつかの図柄から想像される」としている（『鯰絵〜震災と日本文化』里文出版　1995）。

ところで人間は、災害や事故などの惨事を期待する残虐な心情をどこかに持っているという指摘がある。広瀬弘忠・中島励子は、この傾向を「ウエイティング・ディザスター」と呼び「人間は、台風や地震などの災害には、長年の間出合ってきている。そのため地震や台風を恐れると同時に、どこか親しみを持つ人もいる。（中略）このような旧知の知人に対するような感覚をオールド・ディザスター感覚と呼んでいる」（『災害そのとき人は何を思うのか』ベスト新書２０１１）と述べる。鯰絵には、災害の悲惨さよりも「火事と喧嘩は江戸の華」と謳われた新興都市江戸の市民特有の洒脱な刹那性が具象化されているようにも見える。

もちろん、為政者も手をこまねいていたわけではない。治水治山は、為政者の名声・信望を左右する大きな要素であった。戦国時代の代表的な治水事業としては、武田信玄が釜無川（山梨県）に築いた信玄堤、豊臣秀吉による淀川沿いの文禄堤および伏見巨椋池の太閤堤などがある。また、１６６６（寛文６）年、江戸幕府は、森林の乱開発による土砂流出を防止するため、諸国に草木の根掘り取り禁止、禿げ山に苗木植付け、焼き畑と河辺の開墾禁止などを定めた「諸国山川掟」を発している。防災史上特筆すべき善政である。

「覚　山川掟」

一、近年は草木之根迄掘取候故、風雨之時分、川筋え土砂流出、水行滞候之間、自今以後、草木之根掘取候儀、可為停止事、

一、川上左右之山方木立無之所々ハ、当春より木苗を植付、土砂不流落様可仕事、
一、従前々之川筋河原等に、新規之田畑起之儀、或竹木葭萱を仕立、新規之築出いたし、迫川筋中間敷事、
附 山中焼畑新規に仕間敷事、右条々、堅可相守之、来年御検使被遣、掟之趣違背無之哉、可為見分之旨、御代官中え可相触者也、
寛文六年也 午二月二日 久 大和守 稲 美濃守 阿 豊後守 酒 雅楽頭

和魂洋才

明治維新(1867)を契機として「人間の力で自然を克服せんとする努力が西洋における科学の発達を促した」(『天災と日本人』「日本人の自然観」寺田寅彦随筆選 角川学芸出版2011)といわれる進歩思想(西欧近代化)を摂取するため、二千数百人にものぼる外国人技術者や知識人を招聘した(『資料 御雇外国人』ユネスコ東アジア文化研究センター編小学館 1975)。そして、和魂洋才をスローガンに、国民はそれぞれの持ち場(産業分野)において、国威高揚のために増産に精進し(「殖産興業」)、列国に追いつくため富国強兵に邁進した。中村光夫(文芸評論家)は、1942(昭和18)年、文芸誌『文学界』誌上に掲載された座談会(文化綜合会議:近代の超克)において、「今まで西洋の「近代」といふものは兎に

角日本人の目には何か非常に偉いやうに映った。無條件に秀れたものに映ったといふことが明治以来あったと思ふのです」と、明治における西欧化の精神的位置づけを端的に表現している。

第一次世界大戦の終戦からまだ日の浅い１９２３（大正12）年9月1日、死者・行方不明者約10万5千人、家屋の全壊約10万9千棟、焼失約21万2千棟といわれる関東大震災（M7・9）が発生した（中央防災会議『１９２３関東大震災報告書』災害教訓の継承に関する専門調査会）。この大災害に際して、大正デモクラシーを経て、漸く西欧的近代国家の国民としての「自我に目覚めた」と言挙げるにはいささかおこがましいが、多数の国民が、当時の社会風俗や放埓になっていた日常に対する自己批判の声をあげた。石橋克彦は「震災後、これを天罰だとする天譴論（筆者注：従来の天譴論と区別する意味で「天罰論」と呼ぶべきである）が広く唱えられた。大戦景気で贅沢三昧の成金、暴利をむさぼる悪徳商人、政争に明け暮れる政治家などに鉄槌がくだったというもの

関東大震災

もいたが、相次ぐ戦勝で日本人全体が傲慢になっていたからだとするものや、大正デモクラシーのなかで花開いた芸術や思想も槍玉にあげて、人々が奢侈淫逸に堕したためだと説くものもいた。十一月には、贅沢や危険思想をいましめ質実剛健の気風を発揮せよという「国民精神作興ニ関スル詔書」が発せられ、精神主義が強調された。」（『大地動乱の時代─地震学者は警告する─』岩波新書　1994）と指摘している。

また、寺田寅彦が「○国や△国よりも強い天然の強敵に対して平生から国民一致協力して適当な科学的対策を講ずるのもまた現代にふさわしい大和魂の進化の一相として期待してしかるべきことではないかと思われる」（『天災と日本人』「天災と国防」寺田寅彦随筆選　角川学芸出版　2011）と論じたように、西欧に学んだ科学的合理主義に導かれて、わが国が「災害と闘う（防災対策を実施する）」積極性発想を持ち始める契機にもなった。

東日本大震災直後の2011年3月14日、石原慎太郎東京都知事（当時）は「津波を利用して我欲を洗い流す必要がある。日本人のアカをね。やっぱり天罰だと思う。被災者の方々はかわいそうですよ」と発言し、未曾有の事態において、不謹慎な発言であるとマスメディアから痛打された。石原発言は、現代の際限のないゆたかさの謳歌と自由主義や個人主義をエクスキューズにした、度を越したエゴイズム的風潮について、文化人としての憂慮を表明したものであったろう。筆者は、決して不謹慎な発言とは感じなかったし、自然科学が飛躍的に発達した21世紀の東日本大震災においても、約1世紀前の関東大震災時と同じような心情を抱く人々がいたこと、そのような目線で自然現象を理解しようとする見解が現代にも存在することを心に留めておきたい。

「減災」政策の導入

国防のため、敵国にわが弱みを握らせないという理由で、災害の発生（例えば、鳥取地震：1943年9月10日に発生したM_w7.0の地震　死者1、083人。昭和東南海地震：1944年12月7日に発生したM_w8.1―8.2の地震　死者・行方不明者1、223人。三河地震：1945年1月13日に発生したM_w6.6の地震　死者1、180人など）が報道管制された第二次世界大戦が終わり、1945年9月から連合国軍最高司令官総司令部（GHQ：General Headquarters）による占領統治が開始された。

GHQは、わが国のさまざまな統治機構改革や国民文化への介入を行ったが、経済安定本部は、カスリーン台風（1947年9月　死者1、077人）を教訓として、水害による大都市への被害を防ぐことを目的に本格的な治水事業に乗り出した。まず、備荒儲蓄法（1880）

の流れをくみ、1947年10月20日に施行された災害救助法では「災害の発生地の地方公共団体が市民の救助の実際を担い、国は都道府県の要請に基づいて救助命令を出すことができる」とされている。この法律については「GHQが戦後日本のあらゆる立法で最も留意した地方に対する国家権力の介入の排除は、災害救助法においても明確に規定されている」（中央防災会議『1947カスリーン台風報告書』災害教訓の継承に関する専門調査会）と評されている。

1959年9月26日、潮岬に上陸した伊勢湾台風（台風15号・最低気圧895㍱）は、紀伊半島から東海地方を中心に、ほぼ全国にわたって甚大な被害（死者・行方不明者5、098人）をもたらした。防災に対する世論が高まり、1961年11月15日、「国の総合的かつ計画的な防災行政の確立と推進を図る（第一条）」ために災害対策基本法が制定された。

戦後、猛スピードでアメリカ資本主義体制に倣ったわが国では、矢継ぎ早な国土総合開発や都市再開発事業、都市インフラ整備、大規模土木工事等の推進によって、中小の災害は相当封じ込められた。そのうえ、伊勢湾台風を最後に、阪神・淡路大震災までの約34年間、国内では、死者・行方不明者が年間1千人を超す大災害は発生しなかった。その間の自然現象の平穏は、わが国の戦後復興や経済発展に大きく寄与したが、一方で、国民の防災意識は著しく低下、災害の発生に関して、自らの災害に対する日常からの備えを棚上げにして、公共的防災設備や社会システムの不備、自治体の防災担当部署の未熟や職務怠慢などを指弾する公的責任論（「人災論」）が幅を利かす世相に陥っていた（43ページ図参照）。

ところで、浦野正樹（『災害社会学入門』弘文堂　２００７）に引用された『戦後の災害研究の系譜と展開』（現代のエスプリ１８１号　至文堂　１９８２）によれば、アメリカにおける災害研究は、

第一期（１９４０年代－１９５０年代初頭）「戦略爆撃調査」（米国戦略爆撃調査団報告書『日本戦争経済の崩壊』）に始まり、

第二期（１９５０年代中葉～）「災害時の人間の心理的反応と行動の分析」（パニック・リーダーシップ・役割葛藤・集合行動、心理的不適応現象）の研究、

第三期（１９６０年代～）「災害時の組織対応と地域コミュニティ変動」の研究、

第四期（１９７０年代～）「災害予知の可能性と政策との対応」の研究へと深化した。

その成果として、１９７０年には、災害対応の専門部署である連邦緊急事態庁（ＦＥＭＡ：Federal Emergency Management Agency of the United States）が設置され、１９９３年には、クリントン大統領によってさらに組織の強化が図られた。その結果、１９９４年1月17日に発生し

たノースリッジ地震（ロサンジェルス市）では、被害の拡大抑止や軽減に大きな力を発揮した。

FEMAは、連邦、州および地方政府が「平時は、次の災害への準備期間」であるとして備えを充実し、緊急事態に効果的に対応することができるように「緊急事態発生前の準備（preparedness）→発生時の対応（response）→被害の緩和（mitigation）→その後の復旧（recovery）」という事態の推移に即した対応を講じる一連のサイクル（災害サイクル論）を構築した。しかし、2001年9月11日の同時多発テロによって「テロや災害などすべての国家危機の完全封じ込め」という方針に転換、「FBI、CIA、軍の諜報機関等の多数の連邦政府機関の収集した情報が相互に連携することがなかったために9・11事件を未然に防ぐことができなかった」という認識（知恵蔵2013）に立って、2002年11月、国土安全保障省（DHS：U. S. Department of Homeland Security）が新設され、FEMAもその管轄下に組込まれたため、災害サイクル論は、一時存在感が薄くなった（河田惠昭『これからの防災・減災がわかる本』岩波ジュニア新書　2008）。

わが国では、ノースリッジ地震のちょうど1年後に発生した阪神・淡路大震災によって、国家的な防災体制確立の必要性が認識されるとともに、当時のFEMAに倣って「前災害期における十分な備え」や「緊急社会システムの整備」等の減災対策を強化することになった。そして、被災者生活再建支援法の制定（1998）、内閣危機管理監（内閣官房）（1998）、内閣府特命担当大臣（防災担当）（2001）の設置にあわせて、国民の自助・共助・公助の精神の涵養や自主防災組織結成と活動の促進、ボランティアの法制度化（NPO法制定など）、企業の事業継続計画（BCP）策定等の諸政策が順次導入され、現在に至っている。

東日本大震災による覚醒

東日本大震災後、山折哲雄は次のように語っている。

日本列島に生きる人々は、こうした自然の猛威や大量死と背中合わせに暮らしてきた。永遠なものはなく、形あるものは滅びるという死生観や無常観も培われた。古典をざっと見渡すとわかる。平家物語や太平記に様々な死が克明に描かれている。奈良時代の万葉集も、挽歌の大半は事故死、行き倒れなどの異常死を扱っている。ところが戦後日本は無常という概念にふたをするように、死と正面から向き合うことを避けてきた。

（2011年3月23日付日経新聞朝刊）

思うに、戦後、わが国の国民が死と正面から向き合うことを避けてきたのは、ひとつは、明治以降の総力戦によって、数え切れぬ国民が命を落とし、人間が相互に殺戮を繰り返した戦争の記憶があまりにも鮮烈であったからではないだろうか。もうひとつは、敗戦による焦土からの復興の時代は、そんな過去をあえて意識の外に追いやって（封印して）「ひたすらに今日を生きる」切ない生きざまが求められたからであろう。そして、世界の激動のなかで、図らずも朝鮮動乱特需などの追い風に乗って「明日は、今日よりもっとよい日になる」右肩上がりの高度経済成長時代を迎え、先に述べた自然の平穏にも後押しされ、豊かさのなかで「今を生きる」ことができた至福の「ひととき」であった。

柄谷行人は「『近代の超克』というトピックは、二重の意味でわれわれにとって重要である。一つは、われわれがなお超克すべき『近代』のなかにあるからであり、もう一つは、われわれがなお戦前の『近代の超克』の問題を本質的に越えていないからである」（『〈近代の超克〉論－昭和思想史への一視角』（講談社学術文庫　1989）と述べる。われわれは、いまだ「大戦の恐怖」を完全に超克できていないのかもしれない。

阪神・淡路大震災や東日本大震災によって、あらためて大量の死の恐怖に直面した国民にとって、災害死は人生におけるもっとも重大なハザードとなり、国民的な防災活動が社会活動として成立した。戦争は、いずれ人間の英知がその愚行を乗り越える日が来るだろう（それを望みたい）が、災害は、人類にとって決して終わることのない、母なる地球からの「断機の戒め」なのであろう。

ところで、わが国のマスメディアは、原則としてニュース報道において、死体（遺体）の写真や描写を取り上げない（146ページ参照）。災害死の無惨さは、視聴者や読者の想像力に任されている。そのようにしてマスメディアも、死と正面から向き合うことを避けてきたため、直接、被害に遭遇したり、たまたま遭遇したりしない限り大多数の国民にとって、災害死は、報道写真等による「遠景の他人事」である。もちろん、これはマスメディアの一定の倫理的配慮であることは承知しているが、災害に対する備えや覚悟、地域防災力向上のための活動をどこか曖昧なものにしている要因のひとつであることは認識しておきたい。多様なメディアが、それぞれの価値観で自由に情報を発信できる高度情報社会に入って、このような従来型の報道姿勢も見直しが必要になっている。また、「まえがき」でも述べたように、発災後数年も経てば周年行事化してしまう現状は、災害の記憶の風化ひいては、防災意識の希薄化に強い関係性を持っている。ジャーナリズムの役割のひとつとしてあげられる「災害の経験を正しく伝承し、防災文化を育むことによって社会の防災力向上に資する」（災害の社会化）ための日常的に継続した取り組みを期待したい。

西欧における災害観

比較的災害が少ないといわれる西欧でも、過去には幾多の大災害が発生している。そのなかで現在も語り継がれる象徴的な災害として、ヴェスビオ火山大噴火（79、１６３１、１９４４）、ロンドン大火災（１６６６）およびリスボン大地震（１７５５）について記しておく。

■イタリアのヴェスビオ火山は、79年8月24日の大噴火により、火砕流でポンペイ市を、土石流でヘルクラネウム（現エルコラーノ）を埋没させた。１６３１年12月16日には、79年以来最大の噴火をおこし、約3千人が死亡した。最近では、１９４４年3月22日の噴火で、サン・セバスティアーノ村が埋没、山麓から火口までの登山電車（フニコラーレ）も破壊された。

■１６６６年9月1日、ロンドンで大火災（The Great Fire of London）が発生、家屋のおよそ85％（1万数千戸）が焼失した。ロンドンはこの大火をきっかけに、家屋は全て煉瓦造または石造とすることとし（木造建築禁止令）、道路の幅員についても法律で厳しく規定して都市不燃化（Urban incombustibility）に向けて大改造を行った。その後、１６８１年には、世界初の火災保険が販売された。

■1755年11月1日、リスボン大地震（推定M_w8・5―9・0）が発生し、津波による死者1万人を含む約6万人が死亡した。この日は、カトリックの祭日（諸聖人の日＝万聖節）であり、リスボン大聖堂、サン・ヴィセンテ・デ・フォーラ修道院などの大きな教会や修道院が破壊され、多数の死者を出した。この大地震によって、深刻な宗教不信が到来した。当時の哲学者や思想家であるカント、ルソー、モンテーニュたちは、この大震災を体験して大きな衝撃を受け、ヴォルテールは『カンディード、或いは楽天主義説（Candide, ou l'optimisme）』を著し、有名な「リスボンの災禍に関する詩」を発表した。こうした社会的葛藤から神学的自然観と近代的地球観（コペルニクス、ケプラー、ガリレイ、ニュートンなど）との間に激しい論争が始まり、やがて「神は、人間に災害を克服する力を与えた」とする近代的災害観が普遍化して、自然を克服し、災害を抑止するための研究と行動が自然科学の発達を促したと言われている。

いみじくも、1952年から54年まで日本に滞在し、アジア財団の一員としてアジア太平洋地域の発展に貢献したノエル・F・ブッシュは、関東大震災をルポルタージュした『正午二分前―外国人記者の見た関東大震災』（早川書房　1967）のなかで、リスボン大地震について「(西欧の) 啓蒙時代の雷鳴とどろく夜明け」であったと記している。地球環境問題や温暖化などの現代的課題も、自然 (地球環境) を人間が制御しうるという西欧近代の思想に立脚している。自然の脅威に対して、常に「畏敬、警戒、備え」という受け身の姿勢であったわが国の生活文化とは、歴史的かつ本質的に拠って立つ視座が異なることに留意しておきたい。

東日本大震災からの復興を問う

大災害の発生周期〜東北地方を襲う津波

東北地方を襲う津波は、プレート境界に溜まった歪みを解放するため数十年周期で繰り返し発生するプレート境界型地震によって惹き起こされる。

東日本大震災が発生する前年の２０１０年1月13日、仙台市消防局保安安全課は、HP (http://www.city.sendai.jp/syoubou/bousai/kakuritu/) において「政府の地震調査研究推進本部の調査によると、宮城県沖地震は、１７９３年以降現在までの２００年間余りに6回発生し、その活動期間は26・3年から42・4年、平均活動期間は37・1年となっていることが分かっています。(中略) 前回の宮城県沖地震から計算すると、26年後は２００４年、42年後は２０２０年、37

年後は2015年となり、既に最も短い発生間隔の26・3年は経過しており、いつ発生してもおかしくない状態になっています」と市民に警告している。もちろん、仙台市のみならず、国やマスメディアも、折あるごとに東北地方での地震と津波発生の切迫性を広報してきた。まさに、東日本大震災は予告されていたのである。

1995年1月17日に発生した阪神・淡路大震災の後、わが国は、重要な国策のひとつとして防災（減災）に取り組んできたが、「失われた20年」ともいわれた産業界再編の嵐のなかにあった16年間の防災活動は、充分に期待した成果を達成できなかった。世界に冠たる高度情報社会に到達していながら、防潮堤や水門を閉めたり、要支援者の避難支援にあたったりして、失われた数百人にも上る殉職者（消防職員、消防団員、警察官、公務員および民生委員・児童委員など）の方々の尊い命に対して、あがなえる手向けの言葉は見当たらない。

巨大地震と復興

西谷地晴美は、文部科学省地震調査研究推進本部の『宮城県沖地震における重点的調査観測平成17―21年度統括成果報告書』貞観津波研究の成果を踏まえて次のように述べている。

「現段階で示された（巨大）津波の再来間隔の結論が450〜800年であり、共通する最後の津波イベントが1500年なのだとすると、現在は1500年頃の津波イベントからすでに500年以上経過しているので、東日本大震災はいつ起きても不思議ではない状況だったことになる。その意味では、東日本大震災は、想定外の天災ではなく、予想通りに起きた災害だったのかもしれない。（中略）今回のような巨大地震と大津波が再び広範囲に襲ってくるのは、早くても450年後である。450年後の防災計画を、現代の科学技術水準で考えようとするのは、およそ合理的とは言えないだろう。すでに巨大地震が来た東北地方の防災と、これから巨大地震が来る東海・近畿地方の防災を混同してはいけない。今、被災地に必要なのは、夢のような復興計画ではなく、生活を元に戻す復旧である」（『史創№1』「災害史と現代」特集：「想定外」と日本の統治―ヒロシマからフクシマへ―史創研究会　2011）。

筆者は、東北地方における被災地域ごとの市民による復興への話し合いのなかで、家財が津波によってことごとく流出したにもかかわらず、集落の高台移転（いわゆる「避災 allocation」）に乗り気でない被災者が「（今回の災害は）貞観地震（869年）以来の千年に一回の規模だというが、それなら、これから千年は大丈夫じゃないか」と発言するのを耳にした。集落を元あった場所（海辺）に戻す「復旧」を行うと割り切ることには、地球の変動は、必ずしも災害史に忠実ではないという意味も含めて全面的に合意するには少なからず抵抗を感じるが、すでに大震災後9年を経過した東北地方に求められる復興に、「速やかな」（生活再建）という形容詞が置き忘れられているのではないかという焦燥感を禁じえない。「今、そこにある危機」と「今を生きる」ことのジレンマの中で揺れるわが国の災害復興のあり方について、西谷地論文はひとつの国民の覚悟の方向を指し示しているように思える。

『復興への提言』（東日本大震災復興構想会議）

東日本大震災復興構想会議（議長：五百旗頭真）は、2011年6月25日、『復興への提言～悲惨のなかの希望～Towards Reconstruction "Hope beyond the Disaster"』を発表した。その「結び」には、次のように記されている。

かつて地震学をも研究した寺田寅彦はこう言った。関東大震災から12年たった時のことだ。「いつ来るかもわからない津波の心配よりも、あすの米びつの心配のほうがより現実的である」と。われわれもまたこの誘惑に負けそうになるかもしれぬ。（中略）大震災からの復興の槌音が、日本全体の再生に結びつくことをわれわれは深く願う。この「提言」は、「悲惨」のなかにある被災地の人々と心を一つにし、全国民的な連帯と支えあいのもとで、被災地に「希望」のあかりをともすことを願って、構想されたものである。

柄谷行人は『現代思想』2011年5月号（第39巻7号）に次のようなメッセージを寄せている。

今回の地震がなければ、日本人は「大国」を目指して空しいあがきをしただろうが、もうそんなことは考えられないし、考えるべきでもない。地震がもたらしたのは、日本の破滅ではなく、新生である。おそらく、人は廃墟の上でしか、新たな道に踏み込む勇気を得られないのだ。

『復興への提言』は、大震災から3か月を経ても衝撃から醒めやらぬ国民の真情であったと思うが、柄谷メッセージのような「新生」への強い決意が見当たらないのは、まことに無念である。わが国は、あのような大きな社会構造変革のチャンスにおいても、主体的に抜本的な改革に踏み出すには大きな躊躇や障壁があり、情緒的で中庸なもので終わることが多いように思う。この優柔不断さも、古来、大自然の脅威や圧倒的に強力な異民族の前で、ただ立ち竦まざるを得なかった（「受容的かつ忍従的」であり続けた）諦念を基底にした『和（やわらぎ）の思想』に導かれる国民性なのだろう。

時間は遡るが、阪神・淡路大震災後に、野田正彰が次のように説いたことを忘れられない。

日本の社会のあり方は、いつも悲しみを抑圧し、明るく振る舞うことに脅迫的です。（中略）悲しみを軸にしたコミュニケーション、死者を語り、死者と語り合うことの中から、悲しむ人をどう理解していくかという問題はいつも忘れ去られ、置き去りにされたまま、時間が過ぎていったと思います。

（『生者と死者のほとり――阪神大震災・記憶のための試み』「悲しむ力――災害、人間の復興は何か」笠原芳光・季村敏夫（１９９７）人文書院）

東日本大震災の直後から、マスメディアによって全国に流布された「がんばろう、日本！」や「絆」という情緒的なスローガンは、野田が15年前にいみじくも指摘したイシューそのものではなかろうか。阪神・淡路大震災から学んだ貴重な教訓のひとつがわが国の文化として根付いていなかったことに忸怩たる思いである（１３４ページ参照）。

これからどのような災害観に生きるか

わが国では、大災害は、現在の科学水準では、如何ともしがたい天命や運命であり不可抗力であるという災害観を認容しながらも、それぞれの時代の国民感情として噴出する天譴論や世直し期待論、公的責任論等の責任転嫁論に精神的な救いを求めたための防災対策（例えば、公共工事の優先順位決定や自主防災活動に関する市民の意識高揚政策等）にとどまらず、マスメディアの災害報道にいたるまで、「ゆらぎ」、「ためらい」、「躊躇」などの曖昧さや忖度が生じてきたことは、この機会にはっきり認識しておきたい。切迫する大災害の警告と防災対策の啓発は、国民の自然災害に対する無力感（無常観）との戦いでもある。

あわせて、多様な格差や差別問題を抱えたままの社会が、災害に対しても極めて脆弱であるという事実が明らかになるなかで、今こそ、地域コミュニティのありかたが厳しく問われている。地域コミュニティの再構築や自主防災活動の活性化は、従来型の「専門家から非専門家への知識・技術移転」という発想によるのではなく、地域住民が主体的に推進するべきである。内山節がいうように「(西欧近代的な) 個人社会にほころびがみえはじめたとき、人々は再び関係の結びなおしや、地域コミュニティ、共同体の創造について語りはじめた」（『文明の災禍』新潮文庫　２０１１）という視点を確認しておきたい。

わが国の災害観と防災文化について、表1―3および図のように整理した。国民の一人ひとりがその意義と認識を新たにしながら、次の災害発生時における被害の最少化を目指す未来志向の考え方が求められる。すなわち、21世紀に至って、古来のわが国の自然災害に対する意識をどのように変えるかという転換期に差し掛かっている。

「歳歳年年人不同」（劉希夷）の定めのなかで、防

表1－3　日本人の災害観の変遷

時期	基本的な災害観	考え方
古代～	天災 天譴 運命	〈災害の社会的意味、個人的意味を問う根源的な思想〉 ・『讖緯（せんい）思想』（漢の時代の予言思想であり、天変地異は為政者の不徳のせいであるという考え方）が、この国でも長く受け継がれてきた（もともとの天譴思想） ・一方、人々は、非合理な自然現象への諦念と運命に甘んじる受容的・忍従的災害観（運命論・不可抗力論）を持っていた。（運命論的発想は、災害悲劇性の減殺に役立つ。） ・関東大震災時（1923.9.1）、国民自らの日常生活の驕慢や堕落への天罰（譴）であるという反省論が噴出した。 →運命論や後者の天譴論は、日本人の精神の根底に、現代も脈々と受け継がれていると思われる。
近代～	人災	〈人災論が主張された時代〉 ・近代以降、災害の発生時には、しばしば公的な防災システムの不備や怠慢が指摘された（いわゆる人災論） →科学技術の進歩によって、インフラの整備や土木工事等による中小災害の封じ込めが効果を発揮した時代（科学万能の幻想を持った時代：高度経済成長期と重なる）の思想である。
阪神・淡路大震災 東日本大震災	共生	〈減災の思想＝『自然との共生』の時代〉 ・二つの大震災を経て、現代の科学技術によっては、自然災害の発生を完全に抑止することは不可能であり、一定のハード防災対策を推進しながら、人々の自助・共助の精神の涵養と高揚に依って、物心両面の「備え」を強化し、被害をできる限り少なくする（減災）ことを目指す、いわば「自然と人間が折り合いながら生きていく」という考え方が主流となった。 →官民をあげて、地域の自主防災活動の活性化を推進している。（これが本稿のテーマである。）

出典：筆者制作

災とは、大地の恵みに依存して生きる稲作民の宿命と、従容として「非業の死」まで美化し受け入れてきた伝統的諦観に支配された人々が、命の原点に回帰しながら、試行錯誤を繰り返して訴求していくべき「災害大国日本における新しい生き方」なのだ。従って、スローガンやマニュアルの整備で終らない深層心理に刻まれた心的過程を直視しなければならない。

東日本大震災において被災した国民のなかの幾人かは、ふたたび、あの海辺に戻っていくかもしれない。伊藤公男は、デモクラシーとは「多様な被災者の状況、さまざまな思い、人と人とのつながりのなかで、どうやって自分たちの「生きる場所」を、個人的かつ共同的に創り出していけるのかは、自己決定権にかかわることだ」（『学術の動向』「震災復興・デモクラシー・ジェンダー」

図　日本人の災害観と防災文化の構造

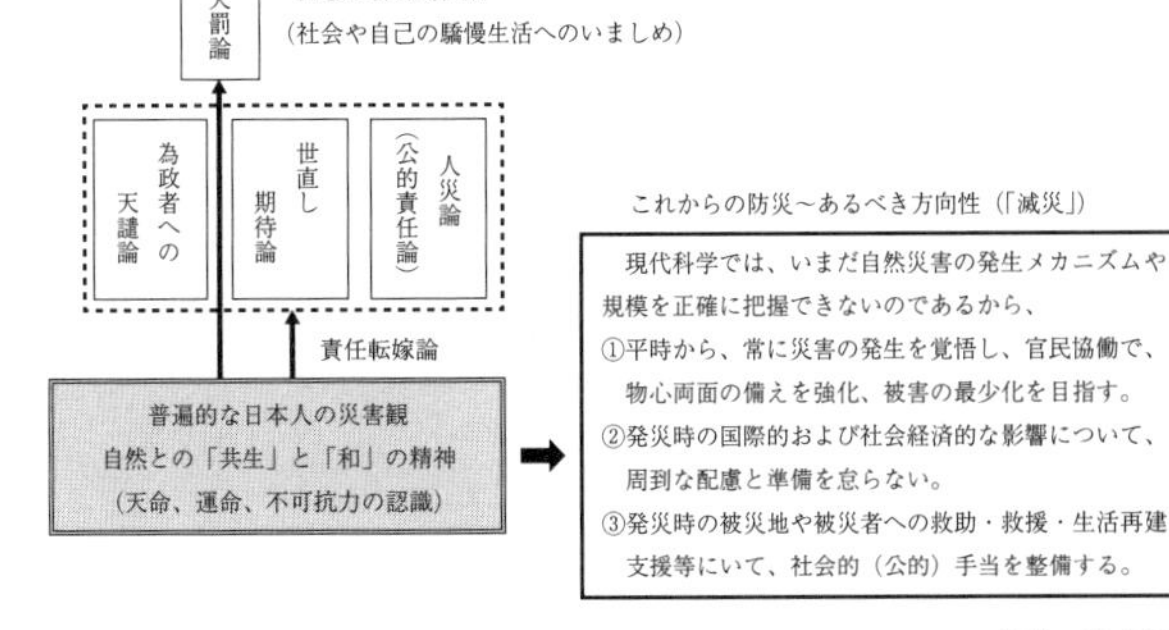

出典：筆者制作

2013-10）と喝破する。生半可なパターナリズムでは解決のできない課題である。それに加えて、これからも人智をはるかに超える「自然の摂理」によって発生する災害に対して、危険（danger）を承知であえて（能動的に）リスク（risk）をとる決断をした人々を強く押しとどめるべき論理を構成することは、現在の筆者の力量を超える。しかし、それにもかかわらず、声を大にして叫んでおきたい。

「天は、すべての国民に、次に襲いくる大災害も乗り越えて『ともに生きよ！』と命じている」と――。

第二章　地域防災プラットフォーム

――実際に暮らす人びとは入れ替わっても、関係を継続させるもの。それは地域社会に堆積した歴史であり、過去・現在・未来をつなぐ社会的連帯の記憶であろう。

（船津衛『現代地域コミュニティ論』２００６）

防災の主流化

２０００年、国連に国際防災戦略（UNISDR）が設置され、地球規模での災害多発時代において「防災の主流化 Mainstreaming Disaster Risk Reduction」が世界の潮流でなければならないという認識のもとに、各国政府が、①「防災」を政策の優先課題とすること、②すべての開発政策・計画に「防災」を導入すること、③「防災」に関する投資を増大させることが求められた。２０１５年以降は「仙台防災枠組２０１５―２０３０」（Sendai Flamework）で合意された4つの優先行動と7つのターゲットを国際的な基本文書としている。あわせて、2015年9月の国連サミットで採択された2030年までの国際目標として、「持続可能な開発のための2030アジェンダ」では持続可能な世界を実現するための17のゴール（SDGs：Sustainable Development Goals）・169のターゲットから構成され、地球上の誰一人として取り残さない（leave no one behind）ことを誓っている。

政府は、東日本大震災後の2011年12月27日、災害対策基本法に基づく「防災基本計画」（中央防災会議）を見直して「災害の発生を完全に防ぐことは不可能であるが、衆知を集めて効果的な災害対策を講じるとともに、国民一人一人の自覚及び努力を促すことによって、できるだけその被害を軽減していくことを目指すべきである」（第1総則第1章本計画の目的と構成）と、わが国の歴史上はじめて明確に「災害抑止の不可能性」と「被害の軽減」を宣言した。また、2012年7月31日付けの防災対策推進検討会議最終報告書には、防災対策に取り組む基本姿勢として「防災の主流化を通じ、可能な限りの備えを怠らない」ことが明記され、「防災対策に取り組む基本姿勢～災害に強くしなやかな社会の構築のために～」として、次の7つが挙げられている。

◎災害から国民を守り、国を守ることは政治の究極の責任である。

◎「国難」ともいうべき大規模災害を意識する。
◎「防災の主流化」を通じ、可能な限りの備えを怠らない。
◎災害発生時、官民が連携し資源の大量・集中投入を行う。
◎被災を地域社会再構築への希望に変えていく。
◎防災こそ我が国再生のフロンティアである。
◎「防災先進国日本」を世界に発信する。

折から、２０１２年８月29日、内閣府中央防災会議の有識者会議は、30年以内の発生確率が非常に高い南海トラフにおけるモーメント・マグニチュード（M_w）８～９クラスの超巨大地震（東海地震、南海地震、東南海地震が連動）が発生した場合、30都府県で最大32万３千人の死者が発生する可能性があるという途方もない被害想定を発表した。そのような大災害に備えるためには、国民も、自治体や防災専門機関への全面依存体質から脱却して、「自分ごと」として防災に万全を期す必要がある。

本章では、それぞれ地域の特性を活かしながら、自主防災組織がどのような活動を行い、いかなるポジションを占めていくべきか。すなわち、伝統的な地域協同体を超えて、地域全体を巻き込む地域防災プラットフォームの構築にむけて歩むべき方向を考えたい。

地域防災プラットフォーム構想

伝統的地域共同体（町内会・自治会）

律令国家の成立とともに、唐の制度（郷・里の下に5戸を1単位とした「保」が設けられた）に倣い、末端行政組織として5戸を単位とする「五保制」を導入したと伝えられている。1597（慶長2）年、豊臣秀吉が京都の治安維持（自衛）を目的に、下級武士に五人組、庶民に十人組を組織させた。江戸幕府は、農民や町民の連帯責任・相互監察・相互扶助の自治的組織の単位として近隣の五戸を持って五人組を組織し、治安維持、争議の解決、年貢の確保、法令の伝達や周知徹底を図った。当時は、地縁・血縁集団で構成された村（自然発生した村）が日常生活の基盤であったから、こうした隣保制度は、集落ごとに内部組織を再編したものであり、ごく親和性の高い制度であったと思われる。

1889（明治22）年、明治政府のもとで近代的地方制度として、市町村が発足する（市制及町村制法）。その過程において、多くの地域で従来の町村が合併集約され「約7万1、500

の町村が約1万6、000弱に減少し、その後も合併がすすめられた」（山崎丈夫『地域コミュニティ論　三訂版』自治体研究社　2009）。合併によってできた村は「行政村」と呼ばれ、合併前の旧村は「自然村」と呼んで区別された。「自然村」は、「行政村」の一部として組み込まれたが、旧村有財産の統合は見送られ、財産区として残されたし、「自然村」も「行政区」という行政的単位として残された。その後、「行政区」は、市においては町内会に、町村においては部落会へ移行していく。

1940（昭和15）年、町内会・部落会は、内務省訓令17号「部落会町内会整備要項」により「隣保団結ノ精神ニ基キ市町村内住民ヲ組織結合シ万民翼賛ノ本旨ニ則リ地方共同ノ任務ヲ遂行セシムル為」を目的として国家総動員体制に組み込まれた。また、同年の内務省布告「部落會町内會等調整整備要綱」（隣組強化法）により、5軒から10軒の世帯を一組とし、戦争での住民の動員や物資の供出、統制物の配給、空襲での防空活動などを行い、思想統制や住民同士の双方監視の役目も担うことになった。1943年、「市制町村制」法の改正によって、町内会・部落会が完全に軍国主義支配体制に組み込まれ、それぞれの下部組織として「隣組」が組織された。

戦後、1947年、連合国軍最高司令官総司令部（GHQ）は、ポツダム政令15号（昭和二〇年勅令第五四二号ポツダム宣言の受諾に伴い発する命令に関する件に基く町内会部落会又はその連合会等に関する解散、就職禁止その他の行為の制限に関する件）により、町内会・部落会は、戦争協力組織であったとして廃止を命じた。この政令は、1952年4月28日のサンフランシスコ講和条約（平和条約）発効による占領終結まで有効であったが「地域の行事の実施や地域環境の整備等、現実の地域運営には、この組織が不可欠であったので、政令が失効する時期までに、ほとんどの町内会が復活していた」と言われている（中田実『地域再生と町内会・自治会』自治体研究社　2012）。しかし、上記のようにGHQから戦争協力組織として指弾された経緯もあって、国民の側にも町内会・自治会に対するマイナスのイメージが色濃く付きまとう。特に、憲法改正による国民精神の解放（自由主義・個人主義の導入）と重点工業化に伴う都市化の推進が相俟って、戦前、戦中を通じて国家権力の末端組織として活動した町内会・自治会は、近代化（＝都市化）に逆行する封建遺制であり、土地（＝前近代的な自然）に隷属する固陋なシステムであるとして反発否定する市民社会思想（近代化説・行政主導説）が主張された。あわせて、家族制度の変化（核家族化）や都市型生活様式の普及などによって、地縁的共同体による相互扶助は、精神的負担や拘束感を感じる風潮すら生まれた。すなわち、高度経済成長の進展は「私的消費財の獲得に価値を見出す私的生活没入型の無関心層」（山崎丈夫『地域コミュニティ論三訂版』自治体研究社2009）を増大させていった。

1960年代以降、都市の発達とともに、郊外には、ベッドタウンと呼ばれる団地やマンションが次々と建設された。都会のビジネスマンが、労働力再生産のため休息に帰る場所である。なお、団地には、「自治会」（従来の自治会とは異なる）が結成され、マンションには、建物区分所有等に関する法律（1962年）

表2－1　現代の町内会・自治会の特性・機能および運営上の課題

項　目	内　容
町内会・自治会の特性	①世帯単位の加入 ②全戸加入の原則（全戸強制加入ではなく、入会希望者は拒めない） ③包括的な機能の保有 ④行政の末端機能の遂行（行政協力制度） ⑤地域独占組織（町内会がすでにある場合、別の町内会は、つくれない） ☆原則として町内会費を徴収している（地域で自主的に活動費を集める唯一の組織である）
町内会・自治会の主要な機能	①市民の親睦・お祭り・運動会・慶弔 ②地域共同防衛（防犯・防火・交通安全） ③環境整備（地域清掃・ゴミ問題等） ④行政補完（自治体事務の委任・情報の連絡） ⑤圧力団体（遊興や行政施設の進出反対・その他陳情） ⑥防災（自主防災活動・防災訓練） ⑦近隣町内会との調整（連合町内会） ⑧その他（募金・献血・トラブル処理など）
町内会・自治会に関する行政側の政策（注：自治体によって、かなり扱いが異なる）	①町内会・自治会会長の認証 ②補助金の支給 ③活動支援（情報・ノウハウの提供、相談など）
町内会・自治会の運営上の課題（『地域防災プラットフォーム』構想が実現すれば、自動的に解消していく事項も多い）	①活動の活発化（訓練・講演会・資金不足・活動に関する情報の広報不足） ②リーダーの後継者問題（若者や女性の参加促進） ③活動情報交換・交流・諸団体との連携 ④活動支援体制の不足（市区町村部署との協働） ⑤地元企業・組織等への連携・協力の呼びかけ

による「管理組合」の設立と加入が義務づけられた。これらは、末端行政の補完的役割を担わせるという目的もあるが、日常生活関する私的自治が円滑に推進されるためには、一般行政（統治もしくは支配）とは別の次元で、そのような仕組みが必要と考えられたからである（表2―1）。

地域コミュニティ

高度経済成長時代に入り、都市型市民の生活範囲は、職場（企業）と家庭（労働力再産の場）の二つになり、地域共同体は、生活のシーンや意識から遠のきはじめ、隣近所の住民同士すらお互いの名前を知らず、挨拶も交わさないような無味乾燥な社会となってきた。そのように地域共同体（生活と支配の中間項）を喪失した社会では、個人や家庭が、事あるごとに直接、国家（行政）に救いを求める「無縁社会」が現出することになった。（「無縁社会」とは、単身世帯が増え、人と人との関係が希薄となりつつある社会の一面を言いあらわした2010年のNHKによる造語である。）

「無縁社会」は、激しい競争状態にある企業が「三種の神器（終身雇用、年功序列、企業内組合）」に基づく雇用制度のもとで、労働者に個人生活を含めた全面的自己供出を求めた結果であった。

そうしたなか、社会的モラルの低下や利己主義（自分中心主義）の蔓延による地域社会の不安を解消するために、地域共同体（社会の中間項）のような社会システムを再生することが必要であるという認識が高まってきた。1969年、国民生活審議会調査部会地域コミュニティ問題小委員会（経済企画庁国民生活局）は、『地域コミュニティ生活の場における人間性の回復－』報告書において「自主的で普遍的価値観を身につけた市民」にとっては、「従来型の地縁型地域共同体（町内会・自治会）ではなく、地域的連帯や市民同士の水平（ヨコ）の関係性による新しいタイプの共同体を構築する必要がある」とし、「生活の場において、市民としての自主性と責任を自覚した個人および家庭を構成主体として、地域性と各種の共通目標をもった、開放的でしかも構成員相互に信頼感のある集団」を「地域コミュニティ」と呼ぶと定義した。それを受けて1971年、自治省から「地域コミュニティ（近隣社会）に関する対策要綱」が都道府県に通知され、全国に83箇所の「モデル・地域コミュニティ地区」を「たとえば小学校の通学区域程度の規模を基準（小学校区）」に選定、1983年から1985年にかけ、147箇所の「地域コミュニティ推進地区」を指定した。モデル地区では、市町村の「地域コミュニティ計画」を市町村と市民が協力して策定したり、地域コミュニティ施設の整備や地域コミュニティ組織の連絡調整機能の整備をしたりするなど活性化が図られ、都道府県・市町村でも「地域コミュニティづくり」を展開、各地に「地域コミュニティ推進協議会」が設立されるとともに地域コミュニティセンターが建設された。続いて1990年から1993年にかけ、全国141地区を「地域コミュニティ活動活性化地区」に指定した。

2004年の地方自治法改正による地域自治区・地域協議会の法定化（地方自治法第202条の4～9）により、地域コミュニティ政策は新たな局面を迎える。第27次地方制度調査会最終答申（2003年11月13日）は「地方分権改革が目指すべき分権型社会においては、地域において自己決定と自己責任の原則が実現されるという観点から、団体自治ばかりではなく、市民自治が重視されなければならない。（中略）また、地域における行政サービスを担うのは行政のみではないということが重要な視点であり、市民や、重要なパートナーとしての地域コミュニティ組織、NPOその他民間セクターとも協働し、相互に連携して新しい公共空間を形成していくことを目指すべきである」と宣言したのである。

わが国には、欧米のようなキリスト教会を中心に精神的に結びついた地域共同体は存在しない。従って、地域共同体にとって、地縁・血縁以上を越える精神的な結びつきが欠如している。そこで、行政としては、一部地域に存続している寺社を中心とした地域共同体を積極的に支援するわけにはいかず、当時、団塊ジュニアによって第二次ベビーブームが到来し、増え続ける子どもたちを念頭に「小学校区」という好材料を見いだした。しかし、古来、農耕民族の文化として、地縁・血縁共同体組織は脈々と存続してきたのであり、戦後、わが国の歴

表2－2　戦後の社会変化の概要

<table>
<tr><th>年代</th><th>社会動向（地縁的地域共同体の変化）</th><th>「地域コミュニティ」政策</th></tr>
<tr><td>1950年代
集中的工業化</td><td rowspan="5">【前提として】戦争復員者と農村に溢れた労働力人口を解消する緊急開発事業の推進
①太平洋ベルト地帯の集中的工業化と村落部からの人口移動による労働力の確保にともない、社会移動の世代間格差による社会の二重構造化
（世代／家族の分離）
・地方、村落では、戦前生まれを中心に旧来型の社会を踏襲した村や町が存続する。
・中央、工業地帯、大都市部では、戦後生まれを中心に、新しい社会が形成される。（世帯の分離）
②中央と地方の格差の解消により総消費社会（総都市化社会）が顕著になる。
・山林・土地・河川・海岸・宅地の利用の変化（農地を宅地や商工業地に変えていく）
・交通網の整備
・エネルギーの転換
・食料革命（グローバル化）
③社会の中間項としての地域共同体が解体され、国が個人と直接繋がる。
・交通・通信の拡大により、遠い者たちが結ばれる（スマホ世代）

■経済・社会システムの問題として、いざというとき、裸の個人が、それぞれの地域で孤立する（無縁社会）状況が発生している。（自我肥大の進行）</td><td></td></tr>
<tr><td>1960年代
高度経済成長</td><td></td></tr>
<tr><td>1970年代
低成長・オイルショック</td><td>☆【設置目的】従来の地縁的共同体から開放された都市的環境での自主性と個別性を尊重し、市民の新しい連帯感を醸成するとした。
☆活動拠点として地域コミュニティセンターを建設</td></tr>
<tr><td>1980年代
プラザ合意
バブル経済</td><td>☆【テーマ型地域コミュニティ】
環境・福祉・リサイクル運動などのアソシエーション組織</td></tr>
<tr><td>1990年代
バブル崩壊
失われた10年</td><td>☆【活動目的】
80年代の社会課題と防災・高齢者福祉・地域計画づくりなどが加わる。（登下校時の見守り、あいさつ運動、地域の清掃活動）</td></tr>
<tr><td>2000年代
新しい地域コミュニティへ</td><td></td><td>☆【地域創生への模索】地域問題解決と地域像の実現
☆地域市民組織とＮＰＯ・行政のパートナーシップの確立など）が提唱される。</td></tr>
</table>

出典：筆者制作

表２－３　各種の地域団体

各種団体名	根拠法など	備　考
自主防災会	（本文を参照されたい）	（本文を参照されたい）
町内会・自治会	（本文を参照されたい）	地域における歴史的な経緯から、「町内会」「町会」「自治会」「区」「区会」「地域振興会」「常会」「部落会」「地域会」「地区会」などさまざまな名称で呼ばれることがある。
地域コミュニティ（推進協議会）（注：名称は、地域によって多様である）	1971　地域コミュニティ（近隣社会）に関する対策要綱	基本的には小学校区であり、特徴的には、地域コミュニティセンターを有する。
社会福祉協議会	1951　社会福祉事業法（現在の「社会福祉法」）	戦前から戦中に設立された民間慈善団体の中央組織・連合会（「中央慈善協会」「恩賜財団同胞援護会」「全日本民生委員同盟」「日本社会事業協会」など）およびその都道府県組織を起源とする組織
民生委員・児童委員	1948　民生委員法 1947　児童福祉法	非常勤の特別職の地方公務員
消防団（水防団）	1947　消防組織法 2013　消防団を中核とした地域防災力の充実強化に関する法律	非常勤の特別職の地方公務員
ＮＰＯ	1998　特定非営利活動促進法	
ＮＧＯ	同上	赤十字社、YMCAなど
青年団	1949　社会教育法	地域ごとに居住する20～30歳代の青年男女により組織される団体
婦人会・老人会・子供会・ＰＴＡなど		任意団体であるが、一部自治体の援助がある。
まちづくり推進協議会	1998　まちづくり３法（大店法は2000）	まちづくり３法（改正都市計画法、大店立地法、中心市街地活性化法）による行政と市民との協議組織
公民館 「生涯学習センター」「交流館」などと言い換える自治体も多い。	1946　文部次官通牒 1949　社会教育法	市町村その他一定区域内の市民のために、実際生活に即する教育、学術および文化に関する各種の事業を行う。
企業 商店会	2011　大規模・高層建築物等における自衛防災体制の確立（消防法改正）	いうまでもなく、地域において重要なポジションを占めている。今後は、地域の自主防災組織との関係強化が求められる。

出典：筆者制作

史的な経緯や社会状況によって、かかる地域共同体をないがしろにするような国民意識が蔓延するとともに実質的に解体もしくは弱体化してきたことに対する危機感は理解できるが、地縁的地域共同体との相互関連性を明確にせず、新たに「地域コミュニティ」を育成しようとしたのはいささか軽挙の感がある。まさに「上から」の地域社会への介入であった。こうして、都市やその周辺地域には、旧来型地域共同体（町内会・自治会）と官主導「地域コミュニティ」の二重構造が存在することになった。なお、地域コミュニティ推進協議会が、現実の地域共同体と同化して機能しているかは、その後の各自治体における住民の意識や行政側の姿勢によってもかなり異なっている（表2―2）。

また、地域には、それぞれ特別な目的をもって各種の住民団体がつくられてきた。表2―3にあげたもの以外にも、多様な任意団体が存在する。

自主防災組織（自主防災会）

災害対策基本法第7条には、市民等の責務として「第1項　地方公共団体の区域内の公共的団体、防災上重要な施設の管理者その他法令の規定による防災に関する責務を有する者は、法令又は地域防災計画の定めるところにより、誠実にその責務を果たさなければならない。第2

項　前項に規定するもののほか、地方公共団体の住民は、自ら災害に備えるための手段を講ずるとともに、自発的な防災活動への参加、過去の災害から得られた教訓の伝承その他の取組により防災に寄与するように努めなければならない」と定められており、立法当時（１９６１年）の状況として、主に町内会・自治会が中心となって、第２項に定める防災活動をリードすることを想定したものである（表2―4）。全国的に設立されている自主防災組織は、自治体防

表2－4　自主防災活動の内容

活動のポイント	具体的内容（例示）
①日常における防災対策や活動支援	・防災に関する広報・啓発活動（講演会・学習会・広報紙・防災訓練・防災マップ等） ・過去の災害の教訓の抽出とその伝承 ・地域内の幅広い年代の市民の自主防災組織への参加促進 ・女性・若者・子どもの参加促進 ・地域の防災リーダー養成（人材育成） ・地域内の災害時に役立つ能力を持った人物との日常的コミュニケーション ・防災プラットフォームの結成 学校・消防団・医療関係者・地元企業・災害ボランティアとのネットワーク ・地域を知り、好きになるための勉強会や文化イベントの開催 ・行政との連携強化（行政協力）
②地域防災力強化	・住宅の耐震化・家具の転倒防止 ・家庭の非常持ち出しなど防災備品・備蓄の整備 ・地域の災害危険箇所把握と改善活動 ・地域の防災備品・備蓄の整備 ・要援護者の支援体制づくり ・情報収集・伝達・避難誘導体制強化 ・避難所の整備・運営体制づくり
③災害時の実際的対応	・避難準備情報による早期避難（要援護者）支援 ・初期消火への協力 ・応急救護・搬送 ・情報収集・伝達 ・避難誘導 ・避難所運営・救援物資配分・避難者住居の防犯 ・市民意思の集約・行政との折衝

出典：筆者制作

災担当部署、消防本部等が主導して、町内会・自治会の読み替えや、それらの既存組織を中心に結成されたものが多い。

各地区の自主防災組織は、小学校区単位で統合され、自主防災連合会が結成されている。自主防災活動を効率的に遂行するには、単位としての自主防災会は50戸程度の集団として、日常的にその地域の防災リーダーと住民が「顔の見える関係」であることが望ましい。そこに、平時の防災対策のみならず、いざという時の避難の声がけや避難支援が要支援者ごとにカスタマイズされ、有効に行われる素地が培われる。最前線の個々の自主防災会設立においては、その範囲と住民数および防災リーダー数の最適化に配慮しなければならない。

地域協働体（プラットフォームという考え方）

以上、簡単に振り返ってきたように町内会・自治会というレガシー（伝統的）な組織が、20世紀後半の激動と試行錯誤の時代を経て現在に至る経緯、また、高度経済成長時代に団地や新興住宅街における住民組織として、行政主導で「自治会や管理組合」が組織され、並行して「地域コミュニティ」概念が導入された。また、地方自治法の改革によって「地域協働体」という新しいパートナーシップ概念が提唱されていることを前向きに受容し、自主防災組織がこれから地域においてその役割を十分に果たすべくプレゼンスを高めていくためのプロセスについて考えたい。

現在必要とされている地域共同体（協働体）とは、一定の範囲の希望する住民間の親睦や相互扶助、まちづくり、行政活動の補完（行政協力）などにとどまらず、同じ地域に住む老若男女すべての住民の命と財産に関わる「危機管理＝防災（減災）」である。「住民がお互いに命を救う場＝セーフティ・ネット」である。

地域防災力を高めるという目的を達成するためには、町内会・自治会や「地域コミュニティ」だけではなく、各種の地域団体が可能な限りネットワークされ、協力していくことが求められる。自主防災組織とは、いわゆるテーマ・コミュニティの一つではなく、一般地域共同体である町内会・自治会やコミュニティ推進協議会が、地域全体を包括し、かつ行政と手を携えて、防災（減災）に関する住民への啓発、教育、支援等を担う新しい社会システム（地域防災プラットフォーム＝これを「地域協働体」と呼びたい）である。

ところで、「総務省コミュニティ研究会」中間とりまとめ（2007年6月）では、「地域コミュニティ活動にあたっては、それぞれが異なる目的や機能を持った各種団体がバラバラに活動するのではなく、地域コミュニティの持っている総合力を活性化するという観点から、意見調整・合意形成等を行いながら連携することにより、各種活動をコーディネートすることが有益である。こうした連携の場を『プラットフォーム』として構築・整備する」とされている。

続いて、「新しいコミュニティのあり方に関する研究会」の報告（2009年8月28日）では、「地域コミュニティをはじめとする地域における様々な主体がそれぞれの立場で新しい「公共」を担うことにより、地域にふさわしい多様な公共サービスが適切な受益と負担のもとに提供されるという公共空間（「新しい公共空間」）を形成していくという視点に立って、具体的な方策を検討する必要があり、（中略）地域における住民活動や地域協働を強化・再構築していく観点からは、地域の多様な主体が力を結集し、相互に連携・分担して住民ニーズに対応した公共サービスを効果的・効率的に提供していくための新しい仕組みが必要である。具体的には、地域における公共サービス提供の核となり、地域コミュニティ組織等など地域の多様な主体による公共サービスの提供を総合的、包括的にマネジメントする組織（「地域協働体」）の構築を推進していくべきである」（概要版）とされた。

筆者が主張しているのは、まさにこの『プラットフォーム＝地域協働体』である（図）。地域の各種団体や組織には、それぞれの目的があり、伝統があり、考え方の違いがある。従って、それを一つに統合するのではなく、いわば弱い紐帯で結ばれる「緩やかな」ネットワークである。もちろん、現代リスク社会に生きるわたしたちは、「伝統的な家族や地縁の「顔の見える関係」における相互扶助機能の復活に全面的に期待するのではなく、「顔の見えない」他者間の共同・協力の関係を強化し、それが生み出すセーフティ・ネットで、個人を受け止めて行かなければならない」（高端正幸『復興と日本財政の進路』岩波書店　２０１２）のは言うまでもない。

　地域防災プラットフォームの役割は、切迫している次の大災害に備えるための防災（減災）活動のための目的志向型市民組織（Associative Democracy）である。そして、このような地域防災プラットフォームを構想することで、その地域の住民であれば、

図　地域防災プラットフォームのイメージ図

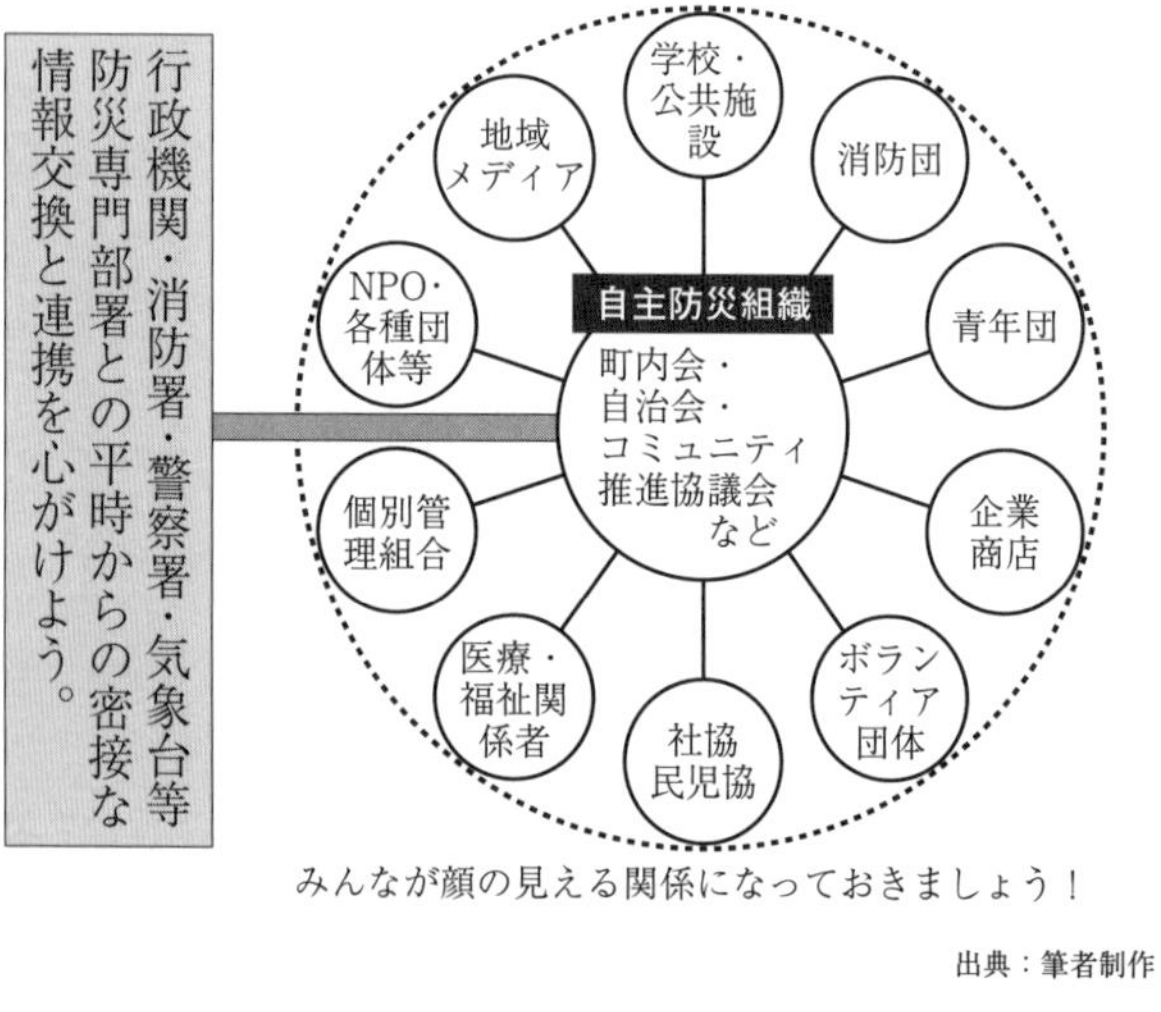

行政機関・消防署・警察署・気象台等防災専門部署との平時からの密接な情報交換と連携を心がけよう。

自主防災組織
町内会・自治会・コミュニティ推進協議会など

学校・公共施設
消防団
青年団
企業商店
ボランティア団体
社協民児協
医療・福祉関係者
個別管理組合
NPO・各種団体等
地域メディア

みんなが顔の見える関係になっておきましょう！

出典：筆者制作

なんらかの地域団体に所属しなくても、全員が当然に自主防災組織の傘下にある。このような共同体のイメージを地域住民全員が共有することで、自主防災組織は防災に関する啓発や訓練の活性化、情報伝達網の整備、ひいては、自治体からのさまざまな支援や補助の受け皿としても有効に機能する。

地域防災プラットフォームは、各団体の平時の日常的諸活動を拘束するのではなく、あくまでも、地域防災活動における住民相互扶助（共助）の包括的受け皿である。その意味で、プラットフォームを具体的に機能させるためには、日常の防災に関する情報伝達や防災訓練は、常に地域全員参加が基本であることを確認しておきたい。年数回は合同会議を開始し、防災情報を全住民に発信し、地域防災訓練を共同開催することが望まれる。このように地域のすべての住民にとって共通のテーマである防災（減災）をよりどころにして、多様な主体による公共サービスの提供について総合的、包括的に連携することは、従来の地縁的地域共同体と官主導「地域コミュニティ」の二重構造（地域によっては、さらに公民館等が加わっている多重構造）を止揚していく未来社会へのプロセスの一環ともなるはずである。ここでは、行政は、住民の自主防災活動においては図に示したような補完的なポジションが本来であろう。

なお、これからの地域防災のモデルとして、地域諸団体のネットワークの必要性について論じたが、2013年12月、「消防団を中核とした地域防災力の充実強化に関する法律」が施行され、漸く消防団との連携が強化される方向性が確立したことは非常に喜ばしい。

日常と非日常を逆転させる

現代資本主義社会において「安全の確保＝平常状態の維持」のための防災事業は、公共投資による国内需要喚起という経済効果を考慮しても、決して無際限ではありえない。また、発生が不確実な災害に備えるために、限りある時間と能力と資源をいつ、どれほど投入することが合理的なのかという判断も難しい。

だからこそ「小さき人間がこの災害大国において、ほんの短い時間を、生きて、死んでいく命（生）の営み」を、わが国の国土開発、産業構造や国民文化のありようの問題として、徹底的に議論する時期が来ている。

もちろん、国民の住居再建地域をどのように定めるかという国土政策の抜本的見直しは、現代資本主義と私有財産制と社会構造から容易なことではないことは承知している。

自然災害の多発だけではなく、近代産業社会の「負の生産物」としてのさまざまな危険が人間生活と精神を大きく蝕みはじめていることを強調する『危険社会』（ウイルヒ・ベック　法政大学出版局　１９９８）では、近代化に伴うリスクとして次の二つがあげられている。①社会の高度化、ＩＣＴ化、グローバル化などによる環境的・技術的リスク（豊かさを生み出す産業活動が同時に環境問題のようなさまざまなリスクを生み出し、命と人間関係を蝕む。）②社会的リスク（愛情関係の流動化により家族や家庭が不安定化、個人が断片化し、それぞれが極度に自己防衛して豊かな社会関係を築けなくなる。）そして、地域コミュニティの再生によって、関係性、共同性、結びつき、利他などのかけがえのない人間的精神を再生することの必要性が指摘されている。世界各国でも、地域コミュニティのあり方に関する議論が盛んに行われ（コミュニティ論）、社会資本（Social Capital）の活性化という視点からも、市民活動活性化の重要性が叫ばれている（Robert David Putnam2000 Bowling Aloneなど参照）。

地域コミュニティは、戦後半世紀以上を経て、近代の「遺物」から、新しい「希望」に転換する時代になった。もちろん、地縁、血縁による共同体に、過去から連綿と引き継がれてきた旧弊や絆（ほだし）は、自由主義、民主主義にとって、すべてが望ましいレジームではない。それに背を向ける住民も多い。しかし、次の大災害時に、ともに命を守るための活動は、それらの習俗や慣習をまるごと飲み込んでしまう最上位の理念である。個人的な「自由」や「自律」

などのイデオロギーだけでは、何も解決しない。

阪神・淡路大震災で気づいた「自然との共生」を基軸に、経済社会のあり方や地域社会の発想と仕組みを、20世紀型の「明日の豊かさ（成長）を追求するシステム」から、21世紀型の「明日の危険（リスク）に備える危機管理システム」へ転換することは、いわば「日常と非日常を逆転させる」ことであり決して容易ではない。しかし、この機を逃しては、20世紀に多くの国民が見失ってしまった「生命と生きがいのサンクチュアリー（聖域）」としての地域コミュニティにおいて、隣人に手を差し伸べるという「世の習い」すら満足にできないままではないか。

第三章　企業の防災対策とBCP（Business Continuity Planning／事業継続計画）

> ――組織が存在するのは、組織それ自体のためではない。社会的な目的を実現し、社会、コミュニティ、個人のニーズを満たすためである。組織は目的ではなく手段である。
> （ドラッカー名著集⑬『マネジメント――課題、責任、実践』〔上〕）

個人防災と企業防災

大災害が発生したとき、被災地に位置する企業のみならず、場合によっては関連会社も含めて、甚大な物的、人的被害により存続の危機に直面する。事実、被災によって経営破綻や連鎖倒産に追い込まれた例は多い。従って、企業における平時の危機管理とは、自らの経営における危険因子の除去に始まり、頻発する災害に備えたハードとソフトの増強のほか、復興に向けた用意周到な各種保険への加入、自己資金としての利益準備金等の資金的備えが求められる。そして、被災後、企業としての存続をかけて、事業継続計画（ＢＣＰ）を追行することになる。すなわち、本章で論じるＢＣＭやＢＣＰは、いわゆる「自助」に続く社会と企業の「復興のステージ」におけるテーマである。

災害対策基本法の改正（２０１３）により、市町村の一定の地区内の居住者および事業者による自発的な防災活動に関する「地区防災計画制度」（第42条、第42条の2）が創設された。この制度は「市町村の判断で地区防災計画を市町村地域防災計画に規定するほか、地区居住者等が、市町村防災会議に対し、市町村地域防災計画に地区防災計画を定めることを提案することができる仕組み」である。これまでのところ、企業が積極的に地域コミュニティの地域防災活動に参画したり、社員や避難民のための備蓄を推進したりすることは、首都圏直下型地震の発生が危惧されている東京都などの特別な例を除いて、地方都市では十分に実現していない。また、自主防災組織から企業への参加の呼びかけもほとんど行われていない。しかし、地域に存在する企業がリーダーシップをとって、住民とともに「地域防災計画」を策定、ＢＣＰ策定などで培った防災知識やノウハウを提供すれば、地域防災力が一気に高まる可能性を秘めている。

まず、本題に入る前に「個人―地域コミュニティ」と、「従業員―企業」の関係について考えておきたい。災害発生時には、従業員は、個人としての生命・財産の保全（自助）および家族の安否確認、そして、地域コミュニティにおける共助の活動を行って後、それぞれの所属企業のＢＣＰ追行に従事するのが行動順序であろう。企業側も、直ちにＢＣＰを発動するのではなく、執務中の社員についても、状況が許すなら一旦は速やかに帰宅して家族の安全を確かめる時間を提供するなどの配慮が望まれる。わが国のビジネスパーソンは、個人と従業員としての役割についてのダブルバインドに苦悩する可能性があり、企業としては、このことに十分に意を配ってＢＣＰを策定し、そのような行動を直ちに正しく指示できるような広い視野を持つ管理職教育が欠かせない。

わが国では、いまだ従来型の労働形態や就労意識のなかで、労働者の多くは、居住する地域コミュニティに対する帰属意識が希薄で、労働コミュニティ（企業）が意識の中心にある。しかし、21世紀の新しい地域コミュニティの一員として求められるのは、労働コミュニティ（企業）への心身の全面的依存から脱却し、可能な限り地域コミュニティへの参画と貢献を果たすことである。「従業員―企業」の関係は、雇用契約によって律される。危機発生時のＢＣＰ発動によって、発災前（平時）に定められた役割を持った従業員は、あらかじめ付与された役割行動をとることが求められる。これも雇用契約の一環であり、契約履行義務という強制力が働くから、「市民―地域コミュニティ」のような情緒的義務（善意、好意、社会的正義）にともなう「共助」とは異なり、いわば企業の「自助」の側面を持っている（表3―1）。

どんな大企業でも、発生の不確実な災害リスク対策に、多大のコストと時間を投入するほど経営資源に余裕がないのは当然であるが、業務時間中に発災すれば、事業中断のみならず、従業員の死傷にも繋がることを肝に銘じたい。

なお、東日本大震災時に被災地以外の企業でも、サプライチェーンによる部品供給や外部インフラ（電力・水道・ガス等）、通信障害、情報システムの支障等、およびグループ（子）会社の被災や社員家族の安否確認などさまざまな理由から、事業への影響を最小限に

表３－１　危機発生時の個人と地域コミュニティ、従業員と企業の活動の比較

（関係性）		1．組織への帰属意識	2．防災理念	3．障壁（ハザード）	4．主たる担当部署
個人	地域コミュニティ	（地縁・血縁関係）都会に近いほど、希薄になる。	・自助 ・共助 （公助）	・中心となるのが高齢の男性である ・無関心市民が多い ・隣人との人間関係がない ・対策予算が少ない	・自主防災組織 ・町内会・自治会など （市町村との協働は進められているが不充分である）
従業員	企業	（雇用契約関係・社縁）社員の帰属意識は、強い。	・企業の自助 ・社員の救助 ・ＢＣＰの発想 （後述）	・企業としての防災思想が全員に浸透していない（ＢＣＰ未策定企業多し）	・平時から、「危機対策本部」の設置が望ましい。

出典：筆者制作

するためのＢＣＰを発動した企業があった。必要により直接的な被災を受けない場合でも、ＢＣＰに想定しなければならない課題がいくらでもあることは、貴重な教訓である。

事業継続計画（ＢＣＰ：Business continuity planning）

わが国におけるＢＣＰへの本格的な取り組みは、２００３年3月に、ドイツのMunich Re（ミュンヘン再保険会社）がアニュアルレポートに掲載した世界大都市自然災害リスク指数において、東京・横浜地区は主要50都市の中で飛びぬけて高かったため、国内保険会社の再保険契約における不利益のみならず、海外投資家の投資控えや外国企業の撤退すら懸念されたのがきっかけであった。

ＢＣＰは、２０１３年8月改定の『事業継続ガイドライン第三版－あらゆる危機的事象を乗り越えるための戦略と対応－』（内閣府防災担当）によると「大地震等の自然災害、感染症のまん延、テロ等の事件、大事故、サプライチェーン（供給網）の途絶、突発的な経営環境の変化など不測の事態が発生しても、重要な事業を中断させない、または中断しても可能な限り短い期間で復旧させる方針、体制、手順等を示した計画のことを事業継続計画と呼ぶ」とされ、「Ｂ

CP策定や維持・更新、事業継続を実現するための予算・資源の確保、発災前（平時）対策の実施、取組を浸透させるための教育・訓練の実施、点検、継続的な改善などを行う平常時からのマネジメント活動は、事業継続管理（BCM：Business Continuity Management）と呼ばれ、経営レベルの戦略的活動」として位置付けられる。

わが国におけるBCPのオフィシャルな理念（経済産業省　2005年6月）は「危機が発生したときに、企業に対して問われるのは、その企業が危機に直面した時であったとしても事業を遂行（継続）するという社会的使命を果たせるかどうか、である。これは、マニュアル化という次元で解決できる問題ではなく、危機に直面したときの企業経営のあり方そのものなのである。企業は、自身の被害の局限化という観点に留まらず、コンプライアンスの確保や社会的責任という観点から対策を講じなければならないということである。すなわち、企業は、まずは、あらゆる防災対策によって災害による被害や地域社会への影響をできるだけ減少（「減災」）するための手立てを行い、その上で、災害が発生した時には、社会的責任として「事業継続」のためのBCPの遂行が求められる」というものである。

BCP策定の必要性については、しばしば引き合いに出される新潟県中越沖地震（2007・7・16）や東日本大震災（2011・3・11）、タイ大洪水（2011、2013）において、自社工場が被災するだけでなく、サプライチェーンに組み込まれた企業が、部品の提供を受けられず数週間の操業停止に追い込まれた事実から次の二点が浮き彫りになる。

ひとつは、当該部品工場が、サプライチェーンの鍵を握るにも関わらず、工場立地や防災対策を含めて、いかに無防備（リスク評価の不備）であったかである。ましてや、工場そのものが活断層上に位置するとか、耐震・津波等の防災対策がおざなりであったとすれば、明らかに経営者の防災に対する認識不足が露呈したと言っても過言ではない。災害大国といわれるわが国において、このような原初的な課題を、私有財産制や私的自治の問題として、個人の自由に任せることは最早、許されない時期にきている。その意味で、現代の防災は、産業構造や流通構造にも見直しを迫っている。

もうひとつは、当該被災工場に、重要な部品調達の大部分を依存してきた川下企業の生産システムの脆弱性である。技術特許の問題やわが国特有の系列の軛もあろうが、川下企業側の当該部品の調達先の分散化やスペックそのものの汎用化によって解放される課題であろう。わが国の企業が嚆矢となって世界に広がったＪＩＴ（Just in time）という生産システムは、部品在庫を減らし、サプライチェーンによる円滑な部品供給に依拠している。いずれ発生が予期された災害によって、サプライチェーンの川下企業の生産が停止するという事態は、企業が従来からの取引や目先のコストパフォーマンスに固執し、サプライチェーンにおけるリダンダンシー（冗長性）やコンティンジェンシープランの構築をないがしろにしてきた結果であり、BCP以前の基本的なリスク・マネジメントの懈怠である。もちろん、サプライチェーンに依拠しないスタンド・アローンの企業（中小企業に多いと思われる）であっても、災害による数日乃至数週間の事業停止によって、国内市場の喪失やグローバルな競争力の低下、ひいては倒産にまで至ることがある。

思うに、災害による事業中断が、わが国企業の持続性のみならず、国際信用力の低下にまでつながるという政府、産業界の危惧は理解できるが、何万人という市民が死亡し、地域全体が破壊されるような国家的カオス状況にあっても、そのような他者（社）の劣勢を、ここぞとばかりビジネスの好機ととらえて、そのマーケットを蹂躙するような人の道を外れるような企業活動は、果たして21世紀の望ましいコーポレートガバナンスといえるだろうか。ひたすらビジネス効率を求めてきた20世紀型資本主義社会の「残夢」である。このことについても、しかるべき社会的ルールが国際的にも国内的にも、さらに議論され合意しておくべきである。

ところで、いまだ発災前（平時）になすべき防災対策すら十分でない現状にあって、被災後の復旧体制の一環であるBCP策定に注力することには、企業側にもかなりの負担となるのは間違いない。そのうえ、発災前（平時）の防災対策のありようによって、ＢＣＰ策定におけるボトルネックやクリティカル・パスもかなり大きく変化する。例えば、先に述べたサプライチェーンの多重性をどのように確立しておくかは、ＢＣＰ策定の場合の重要なポイントである。それによって、当該サプライチェーンのすべての企業のＢＣＰが変化する。

すなわち、発災前（平時）の防災対策が確立（関係先のコンセンサス）してはじめて、発災後の実効あるＢＣＰ策定が可能になる。２０１０年6月に閣議決定された「新成長戦略」実行計画（工程表）において、ＢＣＰ策定率は、２０２０年までの目標として「大企業のＢＣＰ策定率：ほぼ全て、中堅企業のＢＣＰ策定率：50％」となっている。

図3―1では、企業の防災計画全体が、ＢＣＰとい

図３－１　一般的な「防災計画」と「ＢＣＰ」の違い

防災計画 人的・物的被害の防御、軽減が主眼	BCP（事業継続計画） 被災後の事業の継続・早期復旧も視野

出典：中小企業庁　中小企業ＢＣＰの策定促進に向けて（平成24年度版）

図３－２　防災計画とＢＣＰの関係

防災計画：リスク・マネジメント 人的・物的被害の防御、軽減が主眼	BCP（事業継続計画）：クライシス・マネジメント 被災後の事業の継続・早期復旧も視野

出典：筆者制作

う概念に包摂され、一般的な「防災計画」は、その一部分ということになっているが、ＢＣＰは「被災後の事業の継続・早期復旧」であるから、発災前の防災対策とは時間的にも発想にも違いがある。従って、図3—2のように、一般的なリスク・マネジメントとクライシス・マネジメントのポジションを考えるほうが現実的である。

ＢＣＭ～期待される防災マネジメント

ＢＣＰは、クライシス・マネジメントであり、災害発生後の一連の企業行動として、設備や流通の二重系確保や社内訓練などを中心とした、基幹事業の早期復旧のためのマニュアルである。いざというときＢＣＰを円滑に追行するには、それをマネジメントする包括的なＢＣＭが平時から成立していなければならない。ＢＣＭのポイントは、平時から、ＢＣＰを継続して見直すためのＰＤＣＡサイクルを回していくマネジメント手法を指すだけではなく、次の四つの視点を確保しておくことである。

大企業の場合には組織が確立しており、災害発生時にも一般にキーマン・リスクは存在する可能性が低いが、中小企業では、オンリーワンの経営者の能力、資質あるいはパーソナリティが企業経営に果たす役割は非常に大きい。

また、業種にもよるが、多くの企業は平時からリスク・マネジメント組織を常設していない。しかし、マニュアルの作成だけではなく、マネジメントとして日常的な「覚悟と備え」を推進する組織を設置しておくことが重要である。

以下に、主要な備えについて列挙しておく。

■自社・企業グループに関する備え
・従業員の防災意識の高揚（訓練）
・二次災害を防止するための防災対策
・損害保険（地震保険を含む）
・指揮命令系統の明確化〈Escalation Ruleの確立〉
・本社・工場等の代替拠点の確保（重要な機材・資材のストック）
・コマンドセンターの設置
・必要な要員の確保……危機に対応する人材育成や人材確保
・労働組合との協議

・対外的な情報発信および情報共有
・ＩＴ等システムのバックアップ
・情報連絡システムの整備
・停電対策
・備蓄（水・食料等）～帰宅困難者対策
・自社はいうに及ばず、関係会社・協力会社などの被災状況と救援体制
・従業員およびその家族の被災状況と救援体制
・ＯＢ社員による業務支援の受け入れの仕組み
・グループ工場間の相互支援のルール

■サプライチェーンに関する備え
・部品メーカーも巻き込んだサプライチェーン全体のレジリエンスの構築（二重系等）
・物流段階での被災（道路等）に対する対応の検討
・過剰なアウトソーシングの見直し

■業界の一員としての備え

・業界全体で市場における競争力や信用の維持・向上のための行動の準備
・相互支援システム
・ボランティア活動計画

■地域コミュニティに関する配慮（表３—２）

・地域防災への積極的参加
・地域被災者の救援・救護のための備蓄
・地域継続計画（ＤＣＰ：District Continuity Planning）への貢献

表３－２　企業に期待されるさまざまな地域貢献例

項　　目	主な内容
「地区防災計画」の策定や地域との協働	地域に存在する企業がリーダーとなって、市民とともにかかる計画を策定したり、BCPなどで培った防災知識や技術を提供したりして、地域防災力を高める活動など
備蓄した食料や救援物資の提供	食料品・飲料水の提供、自社製品（生活必需品）の提供、重機などの資機材の貸与、医薬品の提供、救助・救護・介護用品の貸与など
被災者・避難民へのスペースや設備の提供	敷地や建物を一時避難場所として提供、トイレ・風呂の提供、駐車場や広場を避難車両の駐車場に提供、建物を帰宅困難者や負傷者の受け入れに利用するなど
救援や救護の専門技術者・ボランティアの派遣	市民の救助・救護、負傷者の応急手当、医療救護活動、応急対策活動への専門知識（土木機械の運転など）を持つ社員の派遣、物資・水の輸送、復旧作業の支援（社員ボランティア）など
災害情報の提供	自社や業界ネットワークなど独自のメディアを活用した地震情報、救援情報などの収集と近隣市民への伝達（例、衛星電話）
早期復旧による地域活力の維持	事業の早期開業（BCP遂行）による地域活力、雇用の維持など（これが、BCPの重要な効力のひとつである）

出典：筆者制作

自社・企業グループ、サプライチェーン、そして業界相互支援等は、純粋のビジネス関係であるが、地域コミュニティへの支援は、21世紀社会の企業のあり方そのものに関わる課題である。先に述べたように、企業は、市民社会の一員であるから、自らの存続を確保するためのBCP追行にかまけず、可能な限り近隣住民への救援・救護に目を向けなければならない。地域コミュニティへの支援策は、BCPと並行して、別途、被災者への備蓄物資の放出や施設の開放、救援機材の提供などの具体的な行動をマニュアルに定めておきたい。

ところで、企業の地域協力の精神については、西欧と日本の企業の成り立ちの経緯による相違がある。資本主義は、16~17世紀のヨーロッパ絶対王政の時代に、地域に密着した家内制手工業から工場制手工業（マニュファクチュア）が形成され、18世紀後半から19世紀中頃までの産業革命の進行によって確立したものであり、西欧の企業は、地域によって育てられてきた。一方、わが国では、1868年　明治維新、1872年　鉄道の開設（新橋駅―横浜駅間）、1880年　官営工場払い下げと続く国家による怒涛のような産業革命により企業社会が成立した。従って、そもそも企業の地域貢献という発想が正反対である。しかし、企業の地域協力は、企業イメージの向上に寄与し、レピュテーションを高め、さらには、万一の緊急事態（不祥事や事故の発生等）においても、市民の過度な批判から企業を守ってくれるという現実的な視点を忘れてはならない。

新しい動き

企業が、その社会的使命として事業継続が求められることは、社会経済および被雇用者の生活維持のためにも重要である。ところで、大災害への防災対策と言えば、まず、地震を発想する。地震は、いまだ予知が困難であり突発的に発生するから、そのための対策は、ハードの耐震補強と発生後の救助・救援ならびに二次災害（多くの場合、火災が発生する）や複合災害（土砂災害など）の対応が中心になる。平日昼間時に発生すれば、大都会における帰宅困難者への対応も大きな課題となる。

あわせて近年は、集中豪雨による土砂災害や河川の氾濫、台風の上陸や接近に伴って強風や大雨による被害も頻発している。これらの災害においては、数日前から数時間前にかけて、注意報や警報が発表されるため、「事前防災」が重要となる。

ここでは、防災に関する二つの新しい動きに触れておきたい。

東日本大震災時の訴訟事件判決

石巻市立大川小学校国家賠償等請求事件　平成28年4月26日仙台高裁判決（令和元年10月10日最高裁第一小法廷上告棄却）

（事件概要）

本震発生後およそ50分経った15時36分、東日本大震災に伴う津波が新北上川（追波川）を遡上し、河口から約5㎞の距離にある学校（標高1ｍ）を襲い、校庭にいた児童78名中74名と教職員10名が死亡した。

（判決要旨）

大川小学校の校長、教頭及び教務主任は、平時において事前に、大川小の児童の生命、身体の安全を保護すべき義務を負っている。学校が、市教委に危機管理マニュアルの改訂を届け出る期限である平成22年4月末の時点において、本件安全確保義務は、在籍児童の保護者との関係で、校長等を拘束する規範性を帯びる。校長等が、本件安全確保義務を履行していれば、被災児童が本件津波による被災で死亡するという本件結果を回避することができたと認められるから、本件安全確保義務の懈怠と本件結果との間に因果関係を認めることができる。校長等は、本件安全確保義務を過失によって懈怠したものであって、国賠法1条1項にいう違法の評価を免れない。

災害について、もはや「想定外」や「予見可能性がなかった」という反論は、特に契約上の安全確保義務が存在すれば、通じない。早期避難を含めた防災対策（安全確保義務・結果回避責任）は、管理者側の当然の配慮義務と位置付けられる。敷衍すれば、企業も、災害発生時に事務所や店舗を訪れている顧客のみならず、従業員に関しても、安全確保を図らねば、組織上の過失や管理者責任が問われる。現在係争中もしくは今後の災害による訴訟においても、本判決は大きな影響がでてくるように思われる。

鉄道の計画運休

ＪＲ西日本は、２０１４年に台風19号が接近したときから、集中豪雨や台風の来襲に先駆けて、予め列車を運休する計画運休を実施しはじめた。ライフラインとしての鉄道やバスなどいわゆる公共交通機関は、利用者の生活上の利便をできるだけ確保するため、危険が切迫するぎりぎりの瞬間まで、その社会的使命達成の努力をすることが求められるというのが、従来の通念であった。しかし、気象官署の観測に従い、災害発生の危険が迫る前に早々に「運転見合わせ」を決定する方針に切り替えた。確かに、暴風雨や土砂災害は、乗客に多大の危険をもたらすし、駅間や橋梁、トンネルでの臨時停車などがあれば、救援も容易ではない。2019年からは、全国のJR各社のみならず、民営鉄道にも広がりを見せている。

企業や組織も、BCPの考え方に、この二つの外部要件を是非とも考慮してほしい。例えば、早朝からの運転見合わせにもかかわらず、従業員の出勤を要求することは、BCP要員、緊急保安担当などの例外的な場合を除いて「見合わせる」必要がある。それが帰宅困難者の減少にもつながる。事業継続は、必須の企業存続要件ではないことについて、関係者共通の理解が求められる。わが国の産業界においても、JRに倣う事前防災の安全思想をさらに前向きにとりいれていく時代がきている。

防災対策スタンダード

企業のBCP策定に関するスタンスとしては、次の三つの要因が重要である。

第一は、経営者や従業員の災害（被災）に対する悲惨なイメージ（「想像力」）が希薄であり、真の危機感が醸成されていないこと。

これは、わが国の一般市民にも共通する防災対策の重要なテーマである。特に、経営者に対する防災教育は、本人が個人的に興味を持って地域コミュニティ等における市民防災教育等に参加していない限り、業界や企業が主催する防災講習は、十分に行われているとは言い難い。筆者が長年、講師を務めている防災士養成研修においても、被災地以外の市民の被災の悲惨さへの「想像力」は明らかに不足しており、また、企業としての研修会開催や一般会場での企業経営者や管理者の参加が少ないことからも窺える。

第二は、被災（乃至被災地）企業のＢＣＰ発動は、災害発生後の救援諸活動の二次的な行動であること。

企業は、周到な防災対策と災害発生時の避難マニュアル等の策定が先決事項であるが、先に述べたような防災意識の低さもあって、それ自体が準備されていないことが多い。内閣府防災担当のアンケート結果からみても、平時からのリスク・マネジメントそのものの取り組みが十分ではない。

第三は、個別企業のＢＣＰ策定は、発災前（平時）のサプライチェーンや外部インフラの防災対策や被害想定等が前提となってはじめて、実現可能な計画になること。

ところで企業が、どのような内容のＢＣＰを策定するかは、内閣府や関係官庁のガイドライン等を参考として自社で取り組むことが可能な人材を有する大企業等を除いて、民間のコンサルタント会社等に助力を請うことが多い。ＢＣＰは、それぞれの業界やサプライチェーンごとに事業特性を見極め、発災前の防災対策のあり方ついても関係企業とのコンセンサスと、お互いの確実な実施が担保（約束）されなければならないが、このようなシステム構築は、部外者には、かなりの困難を伴う。ＢＣＰの策定率のみではなく、実際に災害が発生したとき、ＢＣＰが真に望ましい働きをするかを検証しておくことが必要である。

わが国は『事業継続ガイドライン－あらゆる危機的事象を乗り越えるための戦略と対応－』（内閣府防災担当：２０１３年８月改定）にあるように「大地震等の自然災害、感染症のまん延、テロ等の事件、大事故、サプライチェーン（供給網）の途絶、突発的な経営環境の変化など不測の事態」の多発のなかで、ますます不機嫌になる大自然と向き合わなければならない。ハードの防災対策に関しては、大震災の都度、建築基準法の見直し等が行われ、建築物の耐震強度が強化されているが、ここに至っても、わが国の災害へのソフトの備えは「啓発活動の強化」、「自主防災組織の推進」、「防災リーダーの育成」等による意識の高揚と知識レベルの向上にとどまり、具体的な防災行動を起こすかどうかは市民ひとりひとりの意識と行動に任されたままである。

そろそろ、わが国の地域コミュニティ、企業、市民は、それぞれ最低限どのような災害対策を実際に行うべきであるかという、いわば『防災対策スタンダード』の設定が必要である。

『防災対策スタンダード』は、工場や家屋の耐震補強、家具等の転倒防止、非常持ち出し品の準備、地震保険への加入、災害情報受信手段の確保、災害訓練への参加等を明確に規定するものであって、現在推進されているさまざまな防災対策を変更するものではないが、全国的に確実に実施されるように、行政地域の自主防災組織が協働し、達成目標を定めて実施を推進していきたい。

企業は、時代や環境の変化に鋭敏に適合していく（進化していく）ものである。求められているＢＣＰ策定への取り組みは、国家防災活動計画（『国土強靭化基本法』等）の一環として、一朝事あるときの経済活動の存続や国際競争力の維持という本来の目的を達成するものであるとともに、平時の地域防災力の強化や災害発生時の地域コミュニティへの支援等についても、社会的器官（Social organ）として、その役割を十分に果たしていくことが期待されている。

第四章　巨大災害とLCP（Life Continuity Planning／命を守る人生計画）

――人生から何をわれわれはまだ期待できるのかが問題なのではなくて、むしろ人生が何をわれわれから期待しているかが問題なのである。

（『夜と霧』ヴィクトール・E・フランクル　霜山徳爾訳）

人生の安全保障とは

本章では、自然災害多発時代にあって、今後とも危機感を喪失して漫然と生き続けるには、すでに足元が大きく揺らぎはじめたわが国における国民一人ひとりの人生のリスクマネジメントについて考えたい。

筆者は、2006年2月8日付けの株式会社ビーシーピー Sys-Doc.運用研究レポート『BCP（Business Continuity Planning）を考える』第二回「僕の前に道はない」において、「企業にBCPが必要なように、人間が生きていくうえでもLCP（Life Continuity Planning）が必要です。例えば、大震災の発生に備えて、家具の転倒防止を行い、避難経路や連絡先を確認したり、非常持ち出し袋を用意したりします。また、地震保険に加入して、被害の金銭的な移転を図ります。……」とはじめた。この意味でのLCPという用語は、それが本邦初出のようである。第三章で述べたように企業（組織）のBCMやBCPで培われつつある合理的かつ周到なリスクマネジメントを、それぞれの人生における「安全保障＝ヒューマン・セキュリティ」の考え方として導入できないかという思いが朧気ながら形を取りはじめていた。

（なお、BCMとBCPを区別せずに、総合的にLCPと理解することにしたい。なぜなら、一人ひとりの人間にとっては、これから起こることを正しく認識し、覚悟し、危機に直面したときは、限られた選択肢の中から自分が真に生きて行くにふさわしい行動を選択する先見性、計画性とそれを実行する能力の必要性は、平時と異常時で異なるものではないし、事故や被災時の命にかかわる対処は、事前の計画では十分に追行できない偶発的で不透明な状態になると考えるからである。）

ところで、今や欠かすことのできなくなった防災活動において、「命を守る」ために、物的な備えや避難などの現象面の対策が強調されているが、災害だけではなく、さまざまな危険に満ちた人生において、取り巻く環境や過ぎていく時間を自己の統制下に置こうとする考え方に、わが国の人々は、あまり興味を示さない。それればかりか防災に関する一時的な備えすら、個人的な心情と選択の問題と位置付けられている。そして、もし被災すれば、あたかも国民を守るべき行政の国民擁護義務の不作為であるかのように錯覚（誤解）し、その時には、国や自治体が何をしてくれるのかという第一章で述べたような受け身の発想が現在も多数派である。つまり、ここに至っても、ヒューマン・セキュリティは、一人ひとりの「自助」によって達成せられる「自分ごと（自己責任）」であるという人間社会の基本ルールに思いが届いていないことに大きな違和感を禁じ得ない（もちろん、すべての人に自己責任論を押し付けているのではない。自らの判断と行動が可能な場合について述べている）。

大災害の発生によって、通信が途絶し、どこからも行動指示を得られなくなったとしたら、どのように行動するべきかということをあらかじめ自分で考えておくことがＬＣＰの原初的発想であった。人生のプロセスを通して自分なりのヒューマン・セキュリティを確立し、天寿を全うするための「生き方」はどうあるべきかというテーマである。すなわち、避難指示はまだかとか、避難所はどこかというような他律的な発想ではない。いまでも気象官署に「観天望気」（柳田邦男『空白の天気図』文春文庫　２０１１）の伝統が息づいているように、すべての人間に備わっている自ら危険を察知し、それを乗り越えて生き延びる力を研ぎ澄ますことが重要である。そのうえで、ＬＣＰとして考慮しておくべき判断基準やその選択方法は、後で述べるように「予防原則」や「後悔しない道」が示唆してくれている。

まとめるとＬＣＰでは、大きく二つのテーマを考えておきたい。

ひとつは、従来からの主観的防災として、災禍に遭遇した場合の生命と生活（Life）の確保のための物心両面の備えをしておく（自助）。例示すれば、平時から、物的（ハード面）には、住居の場所や形態の選択、耐震補強にはじまり、非常持ち出し品の準備、水や電源の確保などを行い、心的（ソフト面）には、一人ひとりが、災害に関する情報リテラシーと環境の変化に敏感な能力を身につけるとともに、可能なら地域コミュニティにおける共助の精神を発揮して、避難所等での相互扶助についても応分の役割（共助）を果たす。

もう一つは、ヒューマン・セキュリティの確立は、一生にわたるそれぞれの生活上のリスクマネジメントの結果であるという客観的な視野である。災害に被災したり、事故等に遭遇したりした場合、よしんば生命に危険がなくても、財産的損失について、公的な生活再建支援制度や義援金等に全面的に依拠して、速やかに被災前の水準の生活を回復すること（自立）は、この国の現在の統治システムとして非常に難しい。それぞれが生来のサバイバーとして、自らの生存価値の維持と社会的尊厳を確立しなければならない。従って、ここでのＬＣＰとは、①可能な限り大災害や大事故などの災禍に遭遇しないように行動する（「避災」）こと、②第一のＬＣＰを充実して、もし危難に遭遇しても命をなくしたり、精神的にめげたりしない物心の備えをしておくこと、③各人がその状況に応じて、次の人生を柔軟に選択し、設計していくための多重的（redundancy）手段を構想し、用意しておくこと、④もしも他者の補助や介護が必要な場合に備えた物的・金銭的ヘッジをしておくことである。人生という限られた空間と時間と資源のなかで、何を選んで、何を捨てるか、どのリスクを取って、どのリスクを取らないか、どんなふうに生きていくのか、どんな社会や街に住むのか、誰と住むのかなど、すべて自己責任（判断）によるリスク選択の問題である。

なお、人間が生きていく途上は、些細なリスク（擦り傷、切り傷、虫刺され、仕事や人間関係でのトラブルやミスなど）の連続であり、それらをすべてＬＣＰの土俵に載せる必要はない。何事にも最大の注意をもって行動するべきは当然であるが、それらは日常を過ごすうえで当然起こりうる（対処しなければならない）付随的トラブルに過ぎない。例えば、ゴルフ場でのバンカーやラフからのリカバリーと同じである。本来のＬＣＰは、述べてきたようにその時間にゴルフをするか、別の行動をするかという生き方の選択の問題であることを正しく理解しておかなければならない。

ヒューマン・セキュリティにおける「自助」とは、自己や災害に遭遇した瞬間（「点」）における善き対処を目指すという刹那的な発想に身を委ねるばかりではなく、人生のプロセス（「線」）において、どのように自分の安全で安らかな一生を設計していくのかという選択が前提であることを忘れないでいただきたい。人生の安全保障には、自己判断以外には選択に関して掟はないが、常に守るべき周到なルールが存在する。

リスクの不確実性と予防原則

リスクの概念

リスク（risk）の語源は、イタリア語の“risicare”（勇気を持って挑戦する）に由来しているといわれるが、言い換えれば「危険を冒す」(run into danger）という意味を持っている。従ってリスクは、必ずしも「望ましくない事象」とは言えない。大航海時代の「貿易は危険な商売であった。取引が増大するにつれて、ギャンブルの原理が、財産形成に生かされるようになった。その必然的な結果がリスク許容行為の縮図としての資本主義である」（ピーター・バーンスタイン『リスク（上）―神々への反逆』日経ビジネス人文庫　２００１）というわけである。

中世までは、神の手に委ねられていると考えられていた「未来」を、西欧ではルネッサンスのころから「確率」に関する理論が発達し、その手法を用いて将来を予測したり、意思決定したりするようになった。ピーター・バーンスタインは「現代と過去との一線を画する画期的なアイデアはリスクの考え方に求められる。（中略）人類がこの境界を見出す以前には、未来は過去の鏡であり、漠然とした神のお告げとか予期しうる事態について独占的に知識を有する占い師が闊歩する領域だった」（同上）と述べている。

現代のリスクとは、一般的に「望ましくないできごと Pure risk loss only risk」をいう。投機的リスク（speculative risk）は、loss or gain riskと表現される。また、ＩＳＯ３１０００では、リスクは「目的に対する不確かさの影響」（effect of uncertainty on objectives）と定義される。望ましくない影響があると認識していても、そのようなリスクを積極的にとる必要があることを示唆している。リスクを論じるとき重要なのは、その望ましくない事象の「重大さ」（Magnitude of hazard）とともに、「起きる確率」（Probability）の双方を考慮する必要がある（ISO/IEC Guide73）ことである。

瀬尾佳美は、リスクのエンドポイント（最終的に避けるべき望ましくない事象）について、①人的被害（死亡）、②健康被害（負傷）、③経済的損失の三つをあげるが、続けて「何をエンドポイントにするかという判断には、どのようなタイプのリスク対策を優先したいかという個人や社会の価値判断が反映される」（『リスク理論入門―どれだけ安全なら十分なのか』中央経済社　２００５）とし、「経済被害とＱＯＬ（quality of life：自分の生存状況についての、満足、生きがいなどの意識を含む全般的主観的幸福度）の低下をどのくらい重要視するのか、どのように重み付けして評価するのかという問題は、科学によって一律に決定されるような性質のものではなく、文化や価値観に関わるものである」（同上）という。

現代日本においても、災害による家屋や田畑の流出などの経済被害は、将来の生活への希望を喪失させる大きな原因となる。自治体による避難勧告や避難指示（緊急）の発表に際しても、市民は容易に自分の住居や田畑等の財産を放棄できないという心情も十分把握しておく必要がある。

不確実性（起きる確率）

不確実性は、リスクを考える上での重要な概念である。サイコロの目のように数学的に決まるもの（先験的確率）と、実際に観察されるデータから決まるもの（統計的確率）にわけられる（フランク・ナイト『リスク、不確実性および利潤』文雅堂書店　１９５１）。

サイコロの目の数は、確率論などの研究対象となるが、原理的にも、これからの科学的な知見の進歩によって解決できるものではない（Variability）。これを「真の不確定性」という。一方、科学の進歩によって不確実性が解消されていく場合を不確定性（Uncertainty）という。例えば、地震の発生について、科学の進歩によって事前予知が可能か否かという議論は、これまでから地震学界では盛んに行われている。現在知りうる歴史において、同地域で発生した地震の周期を分析（発掘調査を含む）して、次の発生の蓋然性が高くなっているという評価（統計的予測）を行うことは、現在の知見としては、合理的なリスク・アセスメントであり、また、地震発生の前兆現象をできるだけ早期に察知する研究（直前予知）を進め、それによりリスク・コントロールを行う期待は防災科学において切実な視点である。しかし、予知懐疑論者として有名なロバート・ゲラー東京大学名誉教授は、地殻構造運動がカオス（力学系の一部に見られる数的誤差により予測できないとされている複雑な様子を示す現象を扱う理論）であることを予知不能の理由に挙げている。

２０１１年９月28日、中央防災会議の「東北地方太平洋沖地震を教訓にした地震・津波対策に関する専門調査会」は、「これまで、わが国の過去数百年間に経験してきた最大級の地震のうち切迫性の高いと考えられる対象に、これまで記録されている震度と津波高などを再現することのできる震源モデルを考え、これを次に起きる最大級の地震と想定してきた。その結果、過去に発生した可能性のある地震であっても、震度と津波高などが再現できなかった地震は地震発生の確度が低いとみなし、想定の対象外にしてきた。今回の災害に関連していえば、過去に発生したと考えられる８６９年貞観三陸沖地震、１６１１年慶長三陸沖地震、１６７７年延宝房総沖地震などを考慮の外においてきたことは、十分に反省する必要がある」と報告した。

東日本大震災当時、さかんに使われた「想定外」という用語における「考慮」の範囲が明確に示されている。

一般に、リスクが「想定外」になる原因としては、①事前の合意による考慮範囲の確定、②自分勝手な思い込みによるものや希望的な観測のほかに、③想像力の不足がある。そこに、④情報やリスク認識の非対称性が存在すると「想定外」の可能性はさらに増大する。

ナシーム・ニコラス・タレブ（２００９）は、まずありえない事象であり、予測できないこと、非常に強い衝撃を与えること、いったんそれが起こってしまうと、いかにもそれらしい説明がでっち上げられ、実際よりも偶然には見えなかったり、あらかじめわかっていたことのように思えたりする、という三つの特徴を持つできごとを「ブラック・スワン」と呼んだ。「ブラック・スワン」は、しばしばリーマンショックがひき合いに出されるが、『ブラック・スワン』（ダイヤモンド社）の第19章「電車に乗り遅れても平気なとき」には、「ありえないことが起こる危険にさらされているのは、黒い白鳥に自分を振り回すのを許してしまったときだけだ」とされ、生のプロセス（ＬＣＰ）において、常に「何が起こっても不思議ではない」という柔軟性（pliability）、許容性（tolerance）そして覚悟（preparedness）を持つことは欠かせない要件であるとサジェストしている。まさに、現代の防災精神に対する方向性が明確に示唆されている。

予防原則　Precautionary Principle

グローバルリスクとして、巨大災害のひとつに挙げられる環境問題（食品問題や地球温暖化など）に関しては、1992年の国連環境開発会議（UNCED：United Nations Conference on Environment and Development）リオ宣言第15原則 In order to protect the environment, the precautionary approach shall be widely applied by States according to their capabilities. Where there are threats of serious or irreversible damage, lack of full scientific certainty shall not be used as a reason for postponing cost-effective measures to prevent environmental degradation.（**筆者訳：環境を保護するために、それぞれの国の能力に応じて、予防対策は広く実行されるべきである。深刻または取返しのつかない被害のおそれがある場合には、十分な科学的根拠がないという理由でコスト効果の高い対策を先延ばしにせず、環境保護に努めなければならない。**）によって、「予防原則 Precautionary Principle」が提唱された。つまり、環境や生態系の問題では、費用と人的資源がかかり科学的なメカニズムを解明することがしばしば困難であるから、リスクがあるという確信（certain）をもたらすだけの十分な科学的根拠がなくても、予防的にリスク回避的意思決定を行うことが有効であるということだ。貴重な指摘だが、理念的には理解できても、リスク間のトレードオフや世界各国の価値観や文化（倫理）の違いなど、多くの困難が存在することも事実である。

なお、１９８７年、環境と開発に関する世界委員会（WCED=World Commission on Environment and Development：ブルントラント委員会）が公表した報告書『Our Common Future』の中心的な考え方として「持続可能な発展 Sustainable Development」に触れておきたい。外務省のホームページ（http://www.mofa.go.jp/mofaj/gaiko/kankyo/sogo/kaihatsu.html）によると「将来の世代の欲求を満たしつつ、現在の世代の欲求も満足させるような開発」と定義されている。「環境と開発を互いに反するものではなく共存し得るものとしてとらえ、環境保全を考慮した節度ある開発が必要である」という主張は、資本主義の進展や格差、工業化による資源の浪費や地球環境破壊に対して重要な課題を投げかける。

この討論のなかから、国際植物防疫条約（IPPC：International Plant Protection Convention）にむける“No regrets options are by definition GHG (greenhouse gas) emissions reduction options that have negative net costs, because they generate direct or indirect benefits that are large enough to offset the costs of implementing the options.”〈Working Group III: Mitigation 7.3,4,2〉**（筆者訳：後悔しない方法とは、実質的には費用がかからないＧＨＧ（温室効果ガス）排出削減策である。費用をかけても、その対策の直接的または間接的メリットが**

必要な費用を大きく上回る。）という目を見張るような発想が出てきた。

温室効果ガスなどのグローバルリスクは、各国の利害が対立するが、コストをかけなくても行ったほうがよい行動を「後悔しない発想 No regrets options」と定義している。この考え方は、LCPにおいては回避できることが科学的に証明できないリスク（例えば、現時点での地震や津波への遭遇）に対処する場合には、あたかも「第三の道」を選択するかのような「後悔しない発想 No regrets options」が有効だということになる。「第三の道 The Third Way」とは、2つの対立する思想や諸政策に対し、両者の利点を組み合わせた、あるいは対立を止揚する政策である。この発想は政治的には、その政策が有効に機能したとは必ずしも評価されていないが、社会学的には、「近づきつつある次の災害（災禍）を覚悟しつつ、それでも、未来への希望を持って生きよ！という二律背反したテーゼ」に対処する優れた選択方法として直視したい。

BCPとLCPを比較する

BCP

BCPについては第三章で詳しく述べたが、現代の企業経営は、地球的規模でグレゴリオ暦と共通のルールに基づく厳格なルーティン活動（会計）であるから、一定の振幅を超えた非日常的リスクについては、経営者のイメージ（想像力）が欠如している場合が多いように思われる。また、企業は、常に多様で不確実なリスク（例えば、為替リスク、製品の不具合など）にチャレンジしているため、リスク対応には、ある程度の自信（過信）を持っていることが、逆に弱点になっていることにも注意が必要である。

しかしながら、来たるべき巨大災害に対するＢＣＰへの取り組みは、一連の国家防災活動計画（藤井聡『日本強靱化構想』飛鳥新社　２０１３）として、経済活動の存続という本来の効用とともに、日常的な地域防災力の強化や災害発生時の地域市民への支援（共助）等についても行政の補充的役割も含めて重要な役割を果たしていくことが求められている。

松下幸之助が「一般に、企業の目的は利益の追求にあるとする見方がある。しかし根本は、その事業を通じて、共同生活の向上を図るところにあるのであって、その根本の使命をよりよく遂行していく上で、利益というものは大切になってくるものであり、そのあたりを取り違えてはならない。そういう意味において、事業経営というものは、本質的に私の事ではなく、公事であり、企業は社会の公器なのである」（『道をひらく』ＰＨＰ研究所　１９６８）と述べていることは卓見である。

ＬＣＰ

ところで、表４―１に示したように、ＢＣＰとＬＣＰには、大きな違いがある。もちろん、ＢＣＰもＬＣＰも、日常ビジネスや生活上の中小リスクのすべてを網羅するような計画策定は、実際上不可能である。本節では、先行してさまざまに議論されてきたＢＣＰを参考にしながら、ＬＣＰに関しての一般的留意点を探ってみたい。

生涯平均危険度（マクロとしてのＬＣＰの発想）

人間には、生物としての生理的・時間的限界がある。生涯平均危険度（１０６ページ図）に示しているとおり、マクロ的に見れば、人間が生まれて死ぬまでの危険度は、自立・自助と援助・介護との相互補完関係において平均化しているものである。斜線で示した二つのトランジション（成長期と衰退期）では、それぞれの個別事情に

表４－１　ＢＣＰとＬＣＰの相違点

	対応するリスク	想定する時間	関連する範囲	事前の備え
BCP	企業の存続が危ぶまれたり、サプライチェーンに影響したりするような巨大災害・重大事故	事象の発生から完全復旧まで（早期復旧と代替施設など） ＊企業は、Going concernとして、次の事象発生までにBCPの見直しを進める（PDCA）	ステークホルダー全般 ＊BCPの支援対象に地域住民を含むことで、地域防災にも寄与する	組織的備え 物的備え 保険 ＊公的機関との協力による産業構造の強化
LCP	生存そのものの危険や日常の生活が崩壊するような巨大災害・巨大事故	生涯 ＊一旦、そういう災厄に遭遇すれば、生涯、なんらかの影響は存続するものと見なければならない	本人・家族・隣人 ＊中小企業経営者等は場合により、事業承継者や従業員等を含む	精神的備え 物的備え 保険 ＊国家的支援の充実（福祉国家化）

出典：筆者制作

よりかなり不安定な状態に陥る場合もあるが、前半の成長期には、親権的「養育」によって、後半の老年期は自発的な「行動自制」と他律的な「介護」によって、安心・安全のバランスを確保する。おおむね6歳以前と80歳以降は、完全な介護（庇護）が必要な時期である。

人生は、時々刻々、移ろい行く時間や環境に適合しながら、遭遇する多様なリスクに対して普段からの相応の自覚や意識的行動が求められる。大災害や大事故の発生は、通常、非自発的行為であるが、このモデル曲線が大きく歪められ、連続性が断ち切られる。そのとき、究極のエンドポイントである「死」に見舞わるのは、一つは、大災

表4－2　BCPとLCPにおける重要ポイント（リスク認識と将来予測）

BCPにおける重要ポイント	LCPにおける重要ポイント（個別リスク）
①優先的に復旧すべき「重要な業務」は何か？	①ダメージコントロール ショックからの回復・状況の把握 精神的訓練（覚悟：メンタルタフネス） 誰を味方にするか（助けてくれるか） コミュニケーションの確保
②設定された「目標復旧レベル」までの業務再開の目標時間（＝目標復旧時間 RTO：Recovery Time Objective）はどの程度か？	②リスクマネジメント 現実の損害の回避および対処 （耐震補強、家具固定、非常持ち出し等の準備） 自助努力・共助・公助の役割把握 （避難所の場所、避難経路の確認） コミュニケーションの確保
③残存する企業のリソースで業務再開の制約になりかねない重要な要素（ボトルネック）は何か？	③トラブルシューティング 回復へのもっとも重要な対処ポイントはなにか （状況により異なる） コミュニケーションの確保
④ボトルネックに対処するためにあらかじめ準備された必要な対策は何か？	④問題のある箇所の事前対策・備え・保険 ＊ここにはリスク選択やリスク回避の発想も重要である。

害等の突発的な危険度の上昇に、自立・自助能力や援助・介護が追いつかない場合であり、もう一つは、個別の理由により、本人の自立・自助能力が低下している状態（病気、旅行等）で災厄に遭遇する場合である。

このような状況を事前に想定し、予測し、時には予知して、そのときどきの自立・自助能力と支援・介護のアンバランスを常に意識しながら自ら備える生き方がＬＣＰの基本である。もちろん、リスクとリスクのトレードオフ、リスクと便益の比較考量、支援制度や支援者の範囲など目配りしなければならない要素は多い。また、それは、時として責任の所在や過失の認定に大きくかかわってくる。このような精神を研ぎ澄ませておけば、遭遇する状況によって、取るべき道が自ずと明らかになる。だからこそ、防災においても、正しい発生メカニズムの学びが必要なのである。

図　生涯平均危険度

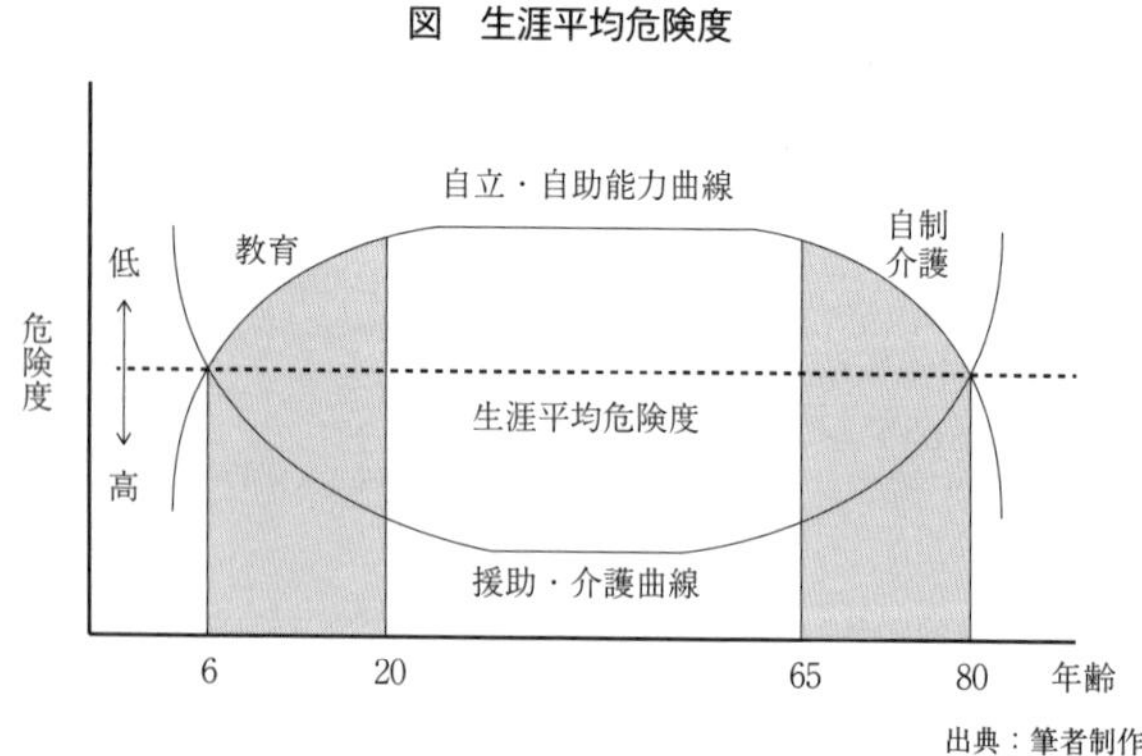

出典：筆者制作

図は、さまざまな職業や特定の行動におけるリスク管理にも適用できる。例えば、自動車運転においては、体調や気分、天候等に対す自覚的な安全意識の高揚が、全体として運転の安全を確保する。すなわち、図は、「フラクタル」構造（フランスの数学者ブノワ・マンデルブロが導入した幾何学の概念であり、基本的に図形の部分と全体が自己相似になっているものをいう）である。

人生における高齢による肉親との別離や定年退職などのいわゆる定められた（destined）転機は、ＬＣＰの発想には含めない。それらは、時期は定まっていなくても、一般的にはあらかじめ確定している事項であるから、成人であれば常日頃から相応の物心両方の備えは当然のことである。さらに、わが国が、定常社会から低減社会に向かうプロセスにあって、来るべきシュリンキング社会に適合する都市政策や住宅政策を勘案すれば、20世紀のような、海岸近く、海抜ゼロメートル地帯、ため池や谷あいの埋め立て地、花崗岩地帯の急傾斜地等の宅地造成地における住宅開発（津波・浸水・がけ崩れ・液状化等の危険）や超高層ビル化（長周期地震動等）を再考し、ドラスティックに変更するべき時期がきている。

それとともに社会インフラの老朽化は、今後の社会生活における潜在的危険を内包し、ますます拡大し続けている。これも、わが国の近代化の見直しのなかでかなり以前から言い習わされてきたハザード事項であるが、本章では、指摘にとどめる。

科学誌『Nature』25 February 1999の誌上討論"Is the reliable prediction of individual earthquakes a realistic scientific goal?（信頼できる地震予知は科学の現実的な目標となりうるか？）における司会者イアン・メーン（IAN MAIN）／エジンバラ大学教授）は「地震そのものが、命を奪うのではなく、人間のつくった建物や道路が倒壊して命を奪うということを忘れてはならない」と発言した。このような時代にこそ、防災を語る上でも予防原則（Precautionary Principle）と後悔しない発想（No regrets options）に厳粛に向き合わなければならない。

リスクとともに生きる

生きることとの意味

阪神・淡路大震災で主唱された「減災」という防災政策（思想）は、言い換えれば、自然災害完全封じ込めの「戦い」からの撤収であった。しかし、近代資本主義が、自然からの略奪と大規模な改造によって築きあげてきた現代文明は、人間の自然への敗北宣言を容易に許さない。進歩史観に基づく近代には、未来への「絶望」という発想がないのである。東日本大震災の直後でも「合理主義に基づく科学技術の進歩は、いつかこの程度の災害をも阻止することができる」という自然征服思想（いわば欧米的災害観）や「国民は、この程度の自然災害に負けるものか！」という、まるで人類本位の不遜な精神が発揚された。

ところで、ハードの防災（災害封じ込め対策）に限界がある以上、発災時には、国民一人ひとりの自助と、近隣住民との共助によるサバイバル行動が必要とされるが、それぞれの人間が災禍に遭遇したとき、冷静さと品格をどのように保ち得るかという人間観や行動理念についてば、まっとうな議論がいまだ行われていない。防災の基底にあるテーマであり、筆者にとっても宿題である。

リスクと地域コミュニティ

わが国が地理的にも、まごうことなき災害大国であるという再帰的環境からどう抜け出す（せる）のかというテーマには、損失とコスト見合いの防災施設（ダムや堤防など）の新増設や家屋の耐震補強など土木建設的対策と、「速やかな避難」が唱えられ続けている。阪神・淡路大震災から長い時間を使って「何を変え」、「何を備えて」きたかを問い直すとき、東日本大震災にあっても、われわれは、いかにも無力であり無防備であったという真摯な反省や慙愧は、ほとんど前に出てこない。

29ページで述べた「災害サイクル」の考え方では、平時は「次の災害の先行期である」と位置づけ、物心両面の弛まざる「備え」の必要性を強調しているが、大自然の悠久の営みと人間の一生（長くて100年ということから1世紀という概念になった）は、（時間的）スケールとして違い過ぎている。人間界で巨大災害と言われる現象すら、地球にとっては驚くに当たらない微小な活動である。そんな不条理な未来のできごとに「備える」ために、現代の貴重な資源を費やすことは、どこまで許容されるかという問に答えることは難しいからこそ、予防原則や「第三の道」が意味を持つ。

「生物の生存は、所与の環境における適応度による」というチャールズ・ダーウインの進化論によれば、その場所に生存しつづけることのできる適者とは「さまざまな外的環境によって、自ずと変化していかなければならない」存在である。津波来襲地帯や土砂災害警戒区域でこれからも生活していくためには、「いち早く逃げる」という教訓の伝承だけではなく、防災のための集団移転促進事業に係る国の財政上の特別措置等に関する法律のみならず新しい立法措置も含めて、生活環境の選択と整備について、全国的な視野での居住移転や国土有効利用および自治体再編統合などが求められる。

現在の町内会や自主防災組織などを中心とした防災活動は、多くの都市では、あくまで行政と連携した組織的活動であり、すべての市民一人ひとりの個人特性や生活状況に応じたキメの細かい備えや対策は十分に考慮されるに至っていない。阪神・淡路大震災当時の震央である淡路島北淡町では、消防団を中心とした住民によって倒壊家屋の瓦礫の中から生き埋めになった327人が救出され「北淡町の奇跡」と呼ばれる。北淡町では、近隣の家や人などの生活情報はお互いに知り合っており、どの家に高齢者がいるかはもちろんのこと、何時ごろ、どの部屋で就寝するかまで知っていたそうである（「町を支える地域の絆～淡路島北淡町の1か月」1995・2・5・ＮＨＫＢＳ）。

防災講演会などでも「脅しの防災」ともいわれる定性的な感覚論で終止してきた防災教育は、漸く改善の兆しを見せ、各地域のハザードマップ作成や自主防災活動の活性化が推進されつつある。広域巨大災害発生時の国家的モラトリアムの時期を生き延びるには、地域コミュニティを中心とした共助社会の実現が欠かせない。閉鎖的で排除的なムラ社会の復興ではなく、世代間の「緩やかな個人の紐帯」を紡ぐための「集団と個のありよう」について、従来にない柔軟なネットワークの創造と卓越した地域リーダーの育成が望まれる。

「自然との共生」というような美学的な言葉では到底表現できない圧倒的な大自然の猛威を

目の前にして、これからは、「自然と折り合って生きる」ということでは足りず、「小さき人間がこの災害大国で安全に生き、死んでいく手法（作法）」をさらに厳しく見つめていかなければならない。

被害を最小限にとどめるという「減災」の考え方の限界も問われる。果たして、最小限とは、限りなくゼロリスクに近づけることを言うのではなかったのだろうか。少しでも犠牲者が出るかぎり、防災は、未完成であると心したい。

ところで、21世紀に至っても、戦後の経済成長時代の「だれもが右肩上がりを求めて生きるべきだ」という、効率的で同質的な「生き方」を求める精神がいまだ残存しており、異質なもの、固有の生きる意味を求める人たちを抑圧したままである。東日本大震災の被災者支援に関しても、各地の社会福祉協議会がＶＣ（ボランティアセンター）として主導するボランティア活動、義援金の募集、マスコミによるステレオタイプの被災地支援番組等、支援者から見て望ましい「支援スタイル」をつくりあげてしまったかのようだ。

柳田邦男は、被害者視点にたった検証（事故調査や対策立案）を行うことのを「2・5人称の視点」という言葉で表現している（『「人生の答」の出し方』新潮社　２００６）。二人称と三人称に区分されない「2・5人称の視点」を持つべきであるという。

上田紀行は、「表面上の強さに依拠する社会は弱い。弱さや苦悩を受けとめ、そこから生きる意味を紡ぎだす、しなやかな強さを持った社会こそが、わたしたちの未来をひらいているのである。わたしたちの人生は、ひとりひとりの豊かな「生きる意味」にひらかれている。どこかに「正しい答え」があって、それに全員が合わせて行かなければいけない時代は終わった。すぐに「正解」を求めるのではなく、時間をかけてじっくりと自分の「生きる意味」を探し、自ら創造する、成熟した社会をともに作り上げていきたい」（『生きる意味』岩波書店２００５）と心を打つ。

多様化を口にしながら、閉塞し定型化を求める現代社会の中で、他者としてのわたしたちは、被災者が、これからどのような人生を生きていくのかという自己責任による選択についてすら、近代的価値観の中で「このように生きたら再び幸せになれます」と、まるで「応急仮設住宅を提供するかのように、決められた枠にはめようとしている」のではないかという戸惑いと悔恨から抜け出せないままである。

自律的に生の物語を紡ぐ

東日本大災害の被災地の復興は、まだ道遠く、一方で、被災地以外の国民の大多数は、折に触れ政府とマスメディアから伝えられる次の大災害切迫性の警告にも慣れ、ふたたび、「ひとときの安心や享楽」に身を任す「透明で短い時間」に命の炎を燃やそうとしているかのようだ。

そんな時代の「希望」とは、そのような「ひととき」が、ずっと続くことを何の根拠もなく祈りながら、次の大災害時には、何の根拠もなく偶然の幸運が自分を救ってくれると信じることであってはならない。しかし、そのような生き方を、誰も否定できない時代だからこそ、LCPは、それぞれの人生を通じて、日々のより慎重な「行動」と、より慎み深い「希望」によって切り開かれるべき、わが国における未来を生き抜くための方法（作法）なのである。

情報化社会から情報社会へ、産業社会からポスト産業社会へのリニアな進展のなかで、わたしたちが追い求めてきたのは、「心の豊かさ」ではなく、現実的な市場主義のさらなる拡大発展と効率化による利益確保であり、成長力が鈍化する成熟（完熟）時代に突入したにもかかわらず、ふたたび到来するはずもない華やかな未来を夢見るばかりで、オルタナティブな経済ビジョンや社会ビジョンを構築しようとはしてこなかった。人間の精神と社会の仕組みを、20世紀型の「明日の豊かさ（成長）を追求することで幸福になる」システムから、21世紀型の「明日の危険（リスク）の抑制と備えによって、安心・安全でいられる」リスクコントロール・システムへ転換することは、先に述べたように、日常と非日常の逆転という厳しい営みであることを強調しておきたい。

おわりに、現代の成熟した高度情報社会にあっても、現実をありのままに、被災者と同じ目線の高さで、肌の温もりや匂いを身近に感じるようなリスク・コミュニケーションは、被災地に入らない限りほとんど不可能である。時として、さまざまなメディアから、断片的かつ作為的（無意識的、意識的であるかを問わず）に報じられるに過ぎない。被災地から離れて住むわたしたちには、いまだ大津波の傷跡深い東北で、いったい何が行われているのか、数十万人もの被災者一人ひとりが何を求めているのか、まったく何もわかっていない。大自然のあまりにも巨大な痛撃によって無力に打ちひしがれ、歴史の裂け目を覗き込んだ２０１１年3月11日は、それぞれにとって、残された生を考えるうえでの大きなターニング・ポイントであった。いまこそ、一人ひとりが、新しい時代の自分なりの「生の物語（ＬＣＰ）」を誠実かつ真剣に紡いでいかなければならない。

第五章　災害情報とマスコミ

> ――東日本大震災は私たちの社会を変えていくだろうと私も思っている。その理由は大きな衝撃を受けたということだけにあるのではない。私たちの社会が、すでに変革にむけて歩み始めていたからだ。
> （内山節『文明の災禍』2011）

＊はじめに、筆者はマスコミ人ではないため、あくまでも外部から見た意見であることをお断りしておく。誤解があれば、ご指摘いただきたい。

災害情報と災害報道

戦後50年という節目の年に発生した阪神・淡路大震災（1995年1月17日）は、都市型大規模災害における救助や救援体制など緊急対応の見直しとともに、中長期的な被災地域の生活復旧や生活再建のプロセスなど多くの課題を投げかけた。おりしも、東西冷戦が終結するとともにわが国の経済バブルが崩壊して間もなく、敗戦後、一目散に駆け上がった「豊かさの時代」とその後の長期にわたる経済不況が続く「失われた二十年」を画期する象徴的なできごとであり急激な高齢化や都市化によるわが国の社会構造の脆弱性が、自然災害によって戦後最大の死者をもたらした悲劇として顕在化したのである。

以来、筆者の「災害情報」に関する研究テーマは、国家的な議論になった「あのとき何ができて、何ができなかったか」という文明史的な反省を込めた検証と、今後の防災対策として「大地からのメッセージにどう応えていくか」の二点であった。「何ができて、何ができなかったか」については、戦後の自然科学の進歩と公共投資によって、わが国がある程度、中小の自然災害の封じ込めに成功したことと、統治機構の整備によって事故や災害について専門的対応機関が充実し、それに全面依存してきたことによる都市住民の防災意識の「非日常化」が顕著であり、個々人の物心両面の災害への備えなどほとんど皆無であったがゆえに惹起された「人的」な要素を含んだ災害であったという認識が前提となっている。

また、「大地からのメッセージにどう応えていくか」という議論の過程で明確にされたのは、災害を物理的に封じ込めることを主体とする「防災」対策から、自然と共生し、「減災」対策を推進しようという基本理念の転換である。特に、アメリカ合衆国連邦緊急事態管理庁（ＦＥ

MA：Federal Emergency Management Agency of the United States）の「災害サイクル」の発想を取り入れ、平時は「次の災害への準備期間」であると認識するようになったことは、従来からの防災活動に大きなインパクトをもたらし、物心両面から、大災害発生に備えるための「防災の日常化」が促進されてきた。

地球物理学や防災工学分野からの「地学的平穏の時代が終焉を迎えた」という警告のとおり、21世紀に入ってからも、三宅島噴火災害による全島避難（2000年8月）、新潟県中越地震（2004年10月）、能登半島沖地震（2007年3月）、新潟県中越沖地震（2007年7月）などの自然災害がたて続けに発生した。そして、2011年3月11日、チリ地震（1960年5月23日M_w9・5）、アラスカ地震（1964年3月28日M_w9・2）、スマトラ島沖地震（2004年12月26日M_w9・1）に次いで、観測史上世界4番目の規模となる東北地方太平洋沖地震（M_w9・0）が発生した。この大地震は、869年（貞観11年）5月26日に、陸奥国東方の海底を震源として発生した貞観地震（M_w8・4：『日経サイエンス』2011・6 P.31）以来の大地震とも言われ、激震とそれに伴って発生した津波、およびその後の余震により東北地方と関東地方の太平洋沿岸部に壊滅的な被害をもたらし、2万人近い死者・行方不明者を記録した。

今となって冷静に考えれば、2日前の3月9日に三陸沖で起こった海溝型地震（M_w7・3）の発生は、ほとんど全国ニュースにならなかったが、（それがこのたびの東日本大震災にどのような関連があるかは、自然科学者の間でも議論があるが）少なくともそういう事象があったことは、東北地域へのさらなる大地震発生の切迫性の警告としてもっと大きく伝える必要があったのではないか。そういう事実を含めてわが国の地震防災に関するあらゆるフィールドにおいて、「わたしたちはいったいこれまで何をしてきたのか」、「なぜもっと多くの人命を救えなかったのか」、そして「これから何をするべきなのだろうか」について問い直すことに異論はないであろう。本章では、阪神・淡路大震災と東日本大震災の二つの大災害発生後それぞれ8か月間の『新聞研究』（社団法人日本新聞協会が発行する月刊誌）における大震災関連の主要マスコミの論説を比較・分析し、今後の大災害に備えるための災害報道に関する新視点を発見しようとするものである。

二つの大震災における『新聞研究』の論説比較

時系列による論説テーマ

二つの大震災後の『新聞研究』に掲載された地震・津波災害に関する論説のタイトルを比較すると表5―1の通りである。いずれの場合も、月刊誌の特性として発生後2か月を経て論説の掲載が本格的に始まる。いうまでもなくここに掲載された論説は、それぞれ記者個人の見解であるが、検索や参照を容易にするために会社名を記載した。なお、東日本大震災については、地震と津波により福島第1原発事故が発生し、原発関連の論説は今後も引き続いて掲載されると考えられるが、2011年12月号（阪神・淡路大震災の場合は、1995年10月号）までの地震・津波被害に関する論説（原発関連を除く）を検証対象とする。「原発との複合災害」に囚われすぎると、純粋に今後の大震災報道に関する教訓の発見に結びつかなくなることを懸念するからである。

表5－1　（■と〈　〉は、特集タイトル。☆は、新聞関係者ではなく研究者による投稿である。）

発生後	阪神・淡路大震災（1995年1月17日発生）	東日本大震災（2011年3月11日発生）
2か月	1995年3月号 ■阪神大震災と報道 ・本社機能壊滅―それでも新聞発行を続けた（神戸新聞） ・震災地に「希望」を（毎日新聞） ・阪神大震災と報道機関の対応（編集部）	2011年5月号 ・震災報道特別編取材力と表現力―わかりやすさを考える（共同通信） ・東日本大震災、新聞社の被害状況（編集部） ・大震災の中で考える新聞活用―教育プロジェクト本部の準備を経て（河北新報）
3か月	1995年4月号 ■阪神大震災と報道 ・被災局として―被災者の立場に立って（サンテレビジョン） ・この20年の地震報道は何だったのか（毎日新聞）	2011年6月号 ■東日本大震災と報道（第1回） ・膨大な被災者の今を伝え続ける―危機を乗り越え発行を継続（河北新報） ・地方の視点で震災と原発に向き合う―被災地から喜怒哀楽を伝える（福島民報） ・求められる情報、総力で迫る―被災地と経済の報道から（朝日新聞） ・最初の6時間　テレビは何を伝えたか―あらためて振り返る3月11日（NHK）
4か月	1995年5月号 ■阪神大震災と報道 ・戦後50年と阪神大震災（朝日新聞） ・新しい希望のジャーナリズム（毎日新聞） ・成否の鍵は司令塔にあり（共同通信） ・目線をいつも被災者に―論説に課せられるもの（神戸新聞） ・気迫と士気に感応する―神戸・京都両紙の協力（京都新聞） ・命を尊いと思うから（毎日新聞） ・こうして震災報道は始まった（ＮＨＫ） ・再確認したラジオの役割（ラジオ関西） 〈座談会〉 「震災下の新聞報道　これからの課題」 ◆取材の一線から ・「生」を与えられた者として（神戸新聞） ・性急な行政批判はしたくない（時事通信） ・それでも書くしかない（毎日新聞） ・過信を見直すきっかけに（北海道新聞） ・避難所でモラルを考える（山陽新聞） ・活気あるニュースを探して（日経新聞） ・注視続けたい危機管理の見直し―官邸記者クラブから（産経新聞） ・あいまいだった文民統制―防衛庁記者クラブから（東京新聞） ・地震観測・予知体制の拡充を―気象庁記者クラブから（共同通信） ☆災害時こそ媒体特性生かせ（東京大学・廣井脩） ☆地震の広報体制の整備を（京都大学・尾池和	2011年7月号 ■東日本大震災と報道（第2回） ・危機に問われる新聞力―読者と築く31世紀への証言（岩手日報） ・未曾有の災害連鎖を伝える報道―パニック、風評被害回避に細心の注意（福島民友） ・総合力で新聞の力を示すために―必要とされる報道とその取材体制（読売新聞） ・特別紙面「希望新聞」の取り組み―情報のライフラインとしての活字メディア（毎日新聞）・現場取材で感じる人々の思い―被災者と向き合い、書き続ける（茨城新聞） ・被災者起点と共助を座標軸に―震災時における論説の役割（河北新報） ・阪神・淡路から東日本へ―16年前に震災を経験した地元紙として（神戸新聞） ・事業継続のためのリスク分散を―浮かび上がった資材調達の課題（毎日新聞） ・災害時の新聞輸送の確保―高速道の不通、燃料不足に対応（読売新聞） ・「3.11」という出発点―被災地が示唆する新聞販売の可能性（河北新報） ☆データと現場をもとに啓発の役割担え―安全学の立場からみた震災報道（東洋英和女学院大学・村上陽一郎） ☆マスメディアと「三重の壁」―福島原発事故にみる報道の役割と課題(九州大学・吉岡　斉) ☆自分を守り、取材対象者を守る―ジャーナリストの惨事ストレスをどう防ぐか（筑波大学・松井豊） ☆震災時における報道、メディアの課題―地域

	夫） ☆伝えてほしいリアリティー（東京大学・松原隆一郎） ◆被災地で新聞が果たした役割―新聞協会「現地調査」報告（編集部）	情報、風評被害、広告の観点から（東洋大学・関谷直也） ◆避難所における新聞・メディア―避難者への聞き取り調査の結果から（協会事務局）
5か月	1995年6月号 ・役だった事前の地震対策（毎日放送） ・散文ルポにもまさる迫真力―短歌、俳句に詠まれた震災（毎日新聞） ◆新聞は非常時にこそ不可欠―「阪神大震災とメディア（主として新聞）に関するアンケート調査	2011年8月号 ■東日本大震災と報道（第3回） ・激動原発報道―科学医療と政治の視点から（朝日新聞） ・素直な疑問をぶつけていく―原発事故をどう報じるか（東京新聞） ・地元の安全対策論議に応える―浜岡原発の全炉停止に関する報道（静岡新聞） ・食の安全・安心と報道の役割―風評被害にどう立ち向かうか（日本農業） ・「伝え続ける」放送の責任を自覚―JNNの震災報道（TBS） ・非常時こそ危機管理論じる好機―国民を守る権力とは何か（産経新聞） ・紙とペン、そして人―避難所に届けた壁新聞（石巻日日） ・市民による震災報道プロジェクト―パブリック・アクセスの可能性示す（Our Planet-TV） ☆専門的な科学情報を国内外に発信―サイエンス・メディア・センターの取り組み（早稲田大学・難波美帆） ☆過度の「安心への誘導」に問題点―メディアの県境・食品リスク報道をどう見たか（岡山大学・津田敏秀） 〈インタビュー〉 ・「怒り」とともに震災を伝える―ニューヨーク・タイムズの取材と報道（NYタイムズ） ・「称賛」と「批判」から考える―海外メディアはどう報じたか（共同通信）
6か月	1995年7月号 ■阪神大震災と報道 ・不安あおらず正確な警告を（静岡新聞） ・地方紙は地域の掲示板でありたい（新潟日報） ■検証　戦後50年報道 ・震災体験が随所に反映―中国・四国各紙の連載・継続企画（新聞協会審査室） ■マスコミの焦点 ・共同・時事が震災時記事伝達で協力（新聞協会編集部）	2011年9月号 ■東日本大震災と報道（第4回） ・くらし・企業を伝え、「視点」示す―経済への影響をどう報じるか（日経新聞） ・「ぶら下がり」取材の功と罪―復興構想会議に参加した立場から（読売新聞） ・求められる地元密着の震災報道―首都圏最大被災地の地元紙として（千葉日報） ☆そのときテレビ・新聞は何を伝えたか―地震直後の報道の概観（学習院大学・遠藤薫） ・地域社会との新たな関係づくり―震災で一気に顕在化したネットへのニーズ（河北新報） ・原発災害報道にツイッターを活用―テレビ・ラジオを補う効果（ＮＨＫ） ・新聞社の高い取材力を実感―グーグルと被災地の地元紙との連携（グーグル） 〈インタビュー〉 ・長野県栄村の震災をどう報じたか―「忘れられた被災地」を取材して（信濃毎日） ・大災害の発生予防に向けて―国連がメディア

		向けガイドラインを発行(在英ジャーナリスト) ・ACの40年とその意義―節目の年に経験した東日本大震災（ACジャパン）
7か月	1995年８月号 関連記事なし	2011年10月号 ■新聞協会賞 賞：「３･11大津波来襲の瞬間」をとらえたスクープ写真―取材で感じた報道写真の役割（毎日新聞） 賞：平野を襲う大津波の中継―全社的訓練とノウハウが結実（ＮＨＫ） 賞：「東日本大震災一連の報道―31世紀への証言―」―頼られる存在であり続けるために(岩手日報) 賞：「東日本大震災」―震災のさなかにある地か（河北新報） ■東日本大震災と報道 ・住民を苦しめ続ける二つの災害―福島原発事故、会津豪雨と向き合う（福島民報） ・震災を児童・生徒に伝える新聞の役割―NIE全国大会の議論から考える（東奥日報） ☆被災地の情報流通の実態―携帯メディアとソーシャルメディアを中心に（東洋大学・中村功）
8か月	1995年９月号 関連記事なし	2011年11月号 ・被災地不在の政争がなぜ起きたのか―混迷政局の報道を振り返って（時事通信） ・放射性物質のリスクをどう報じるか―医療・生活報道の視点から（朝日新聞） ・原爆被災地の地元紙の視点―連載「フクシマとヒロシマ」の取り組み（中国新聞） ☆被災者の視点、被災者の利益―復興に向けた報道の役割（関西学院大学・山中茂樹） ・「届けたい」その思いを原動力に―被災地域における新聞販売網の再構築（岩手日報） ・マーケティングと広告の新たな潮流―震災後の生活者の意識から（博報堂）
9か月	1995年10月号 ■新聞協会賞 賞：神戸新聞・京都新聞　合同連載企画「生きる」―小さな一歩、大きな一歩 ■第11回全国新聞信頼度調査 ・付帯調査：「阪神大震災をめぐる報道」（新聞協会研究所）1995年10月号	2011年12月号 ■第64回新聞大会・研究座談会 ○パネルディスカッション「新聞界が直面する諸課題」 ○記念講演―未曾有の事態に新聞に期待するもの 〈若手記者の経験〉「被災地から学んだこと」 ・多くの死と生に接して―記事で地域再生の後押しも（河北新報） ・人とのつながりを財産に―被災者の思い受け、課題と向き合う（福島民友） ・「風化させない」を合い言葉に―伝えたい中越・中越沖の教訓（新潟日報） ・声なき声に耳を澄ます―相手の身になり、根気よく（毎日新聞） ・三陸の記者であるということ―津波への備えと若手・新人教育（岩手日報）

火災での被害（阪神・淡路大震災）

宮城県仙台市若林区荒浜地区（東日本大震災）

キーワード分析

表5—2は、表5—1に挙げた論説の中から、キーワードを選び出し、ジャンル別に区分したものである。表中の下線は、二つの大震災に共通しないそれぞれ独自の主張だと思われるものに付けた。表現は異なっても、内容的に同様と判断した場合は、下線は付していない。表5—1で明らかなように、論説の本数は、阪神・淡路大震災と比較すると東日本大震災関連がはるかに多数であるが、キーワードの数で見る限り、新視点である⑥海外メディア、⑦インターネットを除くと大きな差が見られない。

表5－2

項目	阪神・淡路大震災（1995年１月17日）	東日本大震災（2011年３月11日）
①新聞社の危機管理体制	・緊急事態発生時における新聞発行援助に関する協定 ・「なんとか読者の手元に新聞を届けよう」 ・災害時の通信の確保（衛星通信・インテルサット） ・多くの社員の被災 ・全国からの応援記者への指揮命令系統の一元化 ・マニュアルを超えた被災 ・災害取材も結局は人である ・CMの自粛とAC（＋電力会社CM）	・災害援助協定による特別発行体制 ・各紙の共助の大切さ ・事業継続（BCP）のためのリスク分散 ・紙・インキ・印刷・新聞輸送（道路・燃料） ・販売所のネットワーク ・避難所に届けた壁新聞（紙とペンがあれば） ・取材の安全確保 ・仮設住宅での新聞営業ルール ・ジャーナリストの惨事ストレス対応 ・震災後の広告のあり方（メディア産業のBCP） ・マーケティングと広告の新たな潮流（消費意識の変質、情報行動の変容、価値観の再構築）
②震災報道	・被災者の目線・被災者の視点 ・被災者の痛みと思いを共有 ・命の尊さを伝える（特集「生きる」） ・避難所報道 ・生活情報の重要性 ・取材と救助活動とのはざ間で揺れる記者心理 ・「悲しむ時間を与えてほしい」という声 ・災害弱者・外国人への対応 ・「希望新聞」―新しい希望のジャーナリズム ・活気あるニュースを（復興博覧会） ・初期段階の「報道の揺れ」→スクープ合戦的状況 ・「息長く報道してください」という被災者の声 ・被災地の真ん中の情報空白	・膨大な被災者の今を伝える ・声なき声に耳を澄ます ・被災者の希望をつなぐ ・災害連鎖に細心の注意（パニック・風評被害など） ・時間経過による情報ニーズ「衣食住」→「医職住」へ ・避難所報道 ・生活情報の重要性 ・「悲しむ時間は、与えられたか」 ・「希望新聞」 ・元気になる明るいニュースを ・復興を記事で後押ししたい ・これからも「伝え続ける」 ・災害の記憶を風化させない
③全国紙と地元紙	・全国紙に他人事で書かれてはたまらない。 ・応援記者との温度差 ・地元紙としての役割とは ・県外へ避難した被災者への地元紙のフォロー体制	・応援メッセージ ・全国紙と地元紙の差異 ・地元紙としての役割とは ・安否情報の新聞掲載
④ジャーナリズムとして	・震災の被害が社会的弱者にしわ寄せされる都市とは何なのか ・基本的に被災者が弱者に集中した（官災のおそれ） ・被災者の自立を促す、励ます記事 ・時間とともに被害者格差の広がりが課題 ・「想定」という名の過信を見直すよいきっかけ ・官邸に情報が集まるシステムがなかった ・自衛隊と文民統制 ・気象庁の地震観測・予知体制	・ソリューション型報道（情緒取材を排する） ・人災と制度の問題（国の危機管理） ・国の総力を挙げる仕組みとはなんであったか ・「災害緊急事態」の布告はなぜなかったか ・危機発生時の私権制限論議 ・臨時災害放送局（地域コミュニティFM　26局） ・大震災とサイエンス・メディア・センター（SMC） ・モノづくりの現場の再生 ・市民の「心の復興」（心災復興）を

	・「情報がないという情報」の意味	・日本復興への座標軸 ・経済への影響を多面的に ・被災地不在の政争批判 ・美談・哀話から制度論へ ・総合的・体系的な検証を ・災害専門記者の必要性 ・ローカル・ナレッジの発掘と活用 ・情報のライフラインとして活字メディアの重要性
⑤歴史的視野	・戦後50年と阪神・淡路大震災 ・関西の地震体験（北丹後、熊野灘、南海地震）は語り継がれなかった。 ・欠けていた直下型地震への危機感	・後世に記録を残す（歴史的評価の対象になる） ・31世紀への証言
⑥海外メディア	（阪神・淡路大震災当時は、触れられていないテーマである。）	・海外メディアの日本人称賛論 ・海外メディアのメディア批判 ・メディアの報道姿勢の相違点 ・メディアの過度の安心誘導（利益相反と政策決定）
⑦インターネット	（阪神・淡路大震災当時は、災害報道との関連では『新聞研究』には記事が見当たらない。）	・メディアと市民が近づく（ツイッター） ・クラウドの威力 ・市民メディアの普及不足 ・テレビ・新聞とSNSとの連携 ・安否情報サービス「パーソンファインダー」 ・ユーチューブ「東日本ビジネス支援チャンネル」

高層建築物の被害（阪神・淡路大震災）

宮城県南三陸町役場（東日本大震災）

16年間で何が、どう変わったのか、変わらなかったのか

キーワードの7つの項目ごとに、二つの大震災における論説の視点の異同について分析する。

新聞社の危機管理体制

第三章で述べたように企業の事業継続計画（BCP）は、重要な経営課題として取り組まれてきた。

阪神・淡路大震災発生以前から周到に準備を重ねてきた社は、「神戸新聞と京都新聞の緊急事態発生時における新聞発行援助に関する協定」（新聞研究1995・3 №524）や「事前の地震対策会議と取材マニュアルづくり、取材モラルの徹底」（新聞研究1995・6 №527）など大きな成果をあげた。また、東日本大震災においても、被災地のいくつかの新聞社では、取材体制のみならず本社機能壊滅、印刷工場被災そして配達所網破壊という新聞社機能全般にわたる大きな被害に直面したなかでも、万難を排して地震発生当日の夕刊の発行しようとしたことは新聞人としての崇高な職業的使命感の発露であり、その努力は多としなければならないが、今後の危機管理ないしBCPという観点から二つのことを考えておきたい。

ひとつは、「そこまでして夕刊を発行するべきなのか」ということである。この16年間に、阪神・淡路大震災当時の神戸新聞社と京都新聞社の協定と同様の相互協力関係が多数締結されており、それがかなり奏功したようであるが、これからも起こりうる大災害においても、同じような血の滲むような努力が繰り返されるのだろうか。もうひとつは、大災害発生時にしばしば議論されるテーマとして、「メディアの棲み分け」ないし「取り扱い情報の分担」がある。阪神・淡路大震災後も大いに議論されたが、結局は、マスコミ各社の自主性やジャーナリズム本来の自主独立精神から安易に妥協しがたいものとして棚上げされてきた。

阪神・淡路大震災から16年間のメディア環境の変化を見ると、各放送局の設備も充実し、あわせてインターネットの発達は驚異的である。記録性やポータブル性など新聞の優位性はいうまでもないが、多大の犠牲やコストをかけてまで発行を継続するまでもないのではないか。また、新聞を製作する部署だけではなく、被災地でラスト・ワンマイルを担う新聞配達所の方々のご苦労は並大抵のものではなかった。新聞人の使命感の尊さは先に触れたとおりだが、初動の緊急事態における「メディアの棲み分け」というのは、あらためて議論しておく価値がある。

ライフラインとしての報道であればこそ、テレビ局や新聞社の多様性を有効に活かすことも重要である。肝要な事項（避難指示など）はすべての媒体によって確実に国民に伝えられるべきだが、事柄によっては、媒体の特性や個性に応じて役割分担することも考えられてしかるべきだろう。すべてのテレビ局が同じような映像を流しているような報道は、資源の浪費である。……他方、災禍の中で、今後の報道に向けての重要な示唆を与える出来事も多かった。とくに重要なのは、テレビ・新聞とネットの連携である。

（学習院大学・遠藤薫　新聞研究２０１１・９　No.７２２）

しかし、この課題は非常にハードルが高い。第64回新聞大会（２０１１年10月18日）では、新たに「全国紙、地方紙の枠組みを超えた大きな災害情報ネットワークの必要性」（新聞研究２０１１・12　No.７２５）が提唱されている。「全国紙と地元紙との相互援助協定」という新しい枠組みも視野に入ってきたと歓迎したいが、全国紙と地元紙との相互援助協定の議論について、同大会の大会決議には一切触れられず、特別決議においても「新聞を必要としている読者のために」「（筆者注：何かあっても発行を遂行するという）新聞の原点」が高らかに謳い上げられただけである。

でもね、いろんな人の協力で新聞を刷ってもね、もう、被災地では配達所も購読者の家も流されてしまっているんですよ。だから、行ける人間がね、新聞をもっていって、誰でもそこにいる人に配るんです。とにかく、誰かに何かを伝えようとする気持ちですね。

（新聞研究２０１１・９　No.７２２）

ところで、世界的にも希有なわが国の新聞販売ネットワークシステムは、地域コミュニティの大きな資源である。第64回新聞大会で地域貢献大賞に輝いた「60年以上続く地域の社交場『小泉サロン』（中国新聞・西条販売所）」は、そのような試みの先駆的事例として、新聞マーケティングの促進という視野からではなく、地域コミュニティの核として学ぶところ大である。震災復興に立ち上がろうとしている地域においても、このような視野を考慮に入れて、新聞販売ネットワークを機動的かつ組織的に再編されることを望みたい。

今回の震災について「仮設住宅での新聞営業ルール」についてという興味深い問題提起があった。従来から新聞業界における重要なテーマである「販売正常化に向けた取り組み」にも関連する現実的な視点であり、今後の推移を注目したい。なお、東日本大震災では、想像を絶する苛酷な現場で取材する記者に対して、「取材の安全確保」や「ジャーナリストの惨事ストレス対応」にも新聞社のケアが行き届くようになったことは、阪神・淡路大震災当時と比べて大きな前進である。

震災報道

災害報道は、初動においては、国民への避難指示等の伝達が優先されるから、放送には、指定公共機関、指定地方公共機関として、緊急通報の役割が課せられている。新聞の役割は、二次的に、災害の原因と規模、今後の展望を明らかにし、被災者と国民（被災地元紙の場合は、地元市民）が、これから歩むべき道を指し示すことにある。先にも述べたが、発災直後の号外や無理をした新聞発行の継続にあまりに囚われすぎると、災害の全体像を俯瞰した冷静かつ客観的な報道という社会的使命とのジレンマにもなりかねない。

「日本は強い国」「がんばれニッポン」。無論、悪意があってのことではない。むしろ、それは被災地を勇気づけようとして発せられた善意のメッセージだ。だが、こう思う。がれきの山を前にして、すし詰めの避難所で、あるいはわが子の行方をきょうも捜す両親に対して、同じせりふを吐けるのかと。被災地を回れば、分かる。頑張れる人がいれば、そうでない人もいることが。

（河北新報・論説委員長鈴木素雄　新聞研究２０１１・７　No.７２０）

東日本大震災においては、発災直後に被災地外の生活態度の「自粛」という風潮が日本全国に拡がり（国民としては、正常な反応であったと思うが）、春の選抜高校野球の選手宣誓で使われた『がんばろう！日本』というスローガンが、またたく間に全国を席巻した。識者の一部には、ナショナリズムの高まりとして危惧する声も出たほどであった。また、「絆」や「寄り添う」という情緒的な言葉が、国民的美徳ないし正義として言い広められた。しかし、筆者の経験でも、ボランティアを志願するような有為の学生たちですら、これらのスローガンについて「どこかに違和感があります」という声が多かった。大震災（および、その劇場型報道）によって、国民全体が即座に意気消沈し、歌舞音曲を自粛して、義援金や支援金を寄せることは、ひとつの国民的儀礼のかたちであったとしても、いかにも被災者に対するデリカシーと国家的俯瞰の視野の両方が不足した反応ではなかったか。もちろん、それほどに東日本大震災が国民的ショックであったということだが、阪神・淡路大震災時の「大地からのメッセージにどう応えていくか」というテーゼを、国民全体がいかに軽んじてきた（忘却してきた）かと言うことの証左でもある。
　ましてや、科学的に「想定」を超える規模であったという報道は、なにがなし東日本大震災そのものが不可抗力であったという認識を全国に流布し、それがゆえに「やり場のない悲しみ」に、客観的かつ冷静であるべき新聞までが一斉に嘆き悲しんだのだとしたら、それは後述するように海外のメディア人が指摘するとおり、こういう状況が起こりうることも想定した予測と備えを怠った行政に対する「怒り」を置き忘れ、被災者への共感、ないし同情に我を忘れたということになるのではないか。

　三日も後になって老人が救出されるシーン、……そうした奇跡の報告だけではなく人為で可能だった平凡な人命救助に役立つ報道が優先されるべきです。
（東京大学・松原隆一郎　新聞研究1995・5　No.526）

　希望のジャーナリズムとしての「明るい情報の提供」は、シンボル的な固有名詞や個人の物語を取り上げて「さあ、あなたもこのようにがんばりましょう」とか「被災地にも遅い卒業式が……」というニュースだけでは発想が貧困である。哀しみの感じ方も表現も人それぞれであるから、たまたま現地に取材に出かけそれらの事象に遭遇した記者が、自らの感性や想像力だけで大災害に向きあってはならない。「名もなき多くの被災者」の痛みを共有するということをもっと厳しく議論する必要がある。

わたしはこの震災を「死者五千四百人の地震」というふうには記憶しないようにしたいと考えています。……つまりわたしは、「一人ひとり」のいた阪神大震災として記憶していようと思うのです。

（朝日新聞東京本社・編集局長　神塚明弘　新聞研究１９９５・３　No.５２６）

東日本大震災は地元紙のみならず全国紙にとっても総力戦であったから、個別の「人＝記者」の特性は、大きな誤謬や齟齬をもたらすものではなかったはずである。キーワードで挙げたように、ほとんどの記者も、災害報道の第一歩は「被災者の目線・被災者の視点」だと感じており、取材においては「被災者の痛みと思いを共有」し、「命の尊さを伝える」ことだと認識している。しかし、災害報道において、時間経過と報道内容のすり合わせを誤ると、読者の感覚とのミスマッチを起こさせる。災害報道は、一定の時間の経過のなかで、生活情報、生活再建や復興への情報を被災者と共有しながら、一方で、ジャーナリズムとして、次の災害に備えるための「社会的課題」や「都市構造の矛盾」についての議題設定（アジェンダ・セッティング）を担う。

全国紙と地元紙

二つの大震災の報道環境の大きな違いのひとつは、阪神・淡路大震災においては主たる地元紙は、神戸新聞1社であるが、東日本大震災では、被災エリアの広さに応じて、ブロック紙の河北新報をはじめとして、地元紙が多数存在していることである。なお、それぞれの新聞社ごとの編集方針の相違もあろうが、本章では、全国紙と地元紙という区分で論じる。

わが国の社会システムとして、全国紙と地元紙という担当区分もしくは棲み分けが存在することは前向きに考えたい。先に述べたように、被災者の知りたい情報は、「何が起こったか」、「それはどのくらいの規模か」であり、「これからどう生きていくか（生活情報）」であり、いわば、マクロとミクロの二つの情報が必要である。「被災者目線＝被災者と痛みを共有」するという方針によって、被災者の精神ケアと被災地の生活情報に偏向してはならない。

みんな同じ被災者で、ひどい状況で頑張っている。そんな共感と仲間意識があったと思う。……市民の応援の背景には、全国紙に感じる微妙なズレもあったのではないか、……全国紙は東京が基点だから視点が違う。それはやむをえないけれど、神戸・阪神地区の位置付けをきちんと認識してほしい。……他人事として書かれたらたまらない。……今度の震災は、日本の政治、社会の仕組み、中央と地方のありようを、多大の犠牲を払って実地に示したと思う。

（神戸新聞・論説副委員長　中平邦彦　新聞研究1995・5　№526）

「後ろを振り返らず前を見て歩いてください。人を信じてください」とか、「今は遠い所から援助しますが、行けるようになればお手伝いさせていただきます。……」（新聞研究2011・6　№719）という東日本大震災被災者への阪神・淡路大震災の被災者からの『応援メッセージ』によって背中を押されることが、ほんとうに被災者の哀しみの乗り越え方なのだろうか。災害報道ではしばしば問われる「（被災者に）悲しむ時間は与えられたか」ということと重なり合うテーマでもある。

また、今回の震災報道に関して、内陸部の農業用ダム決壊による被害について、被災者から「ここの被害は、ほとんど報道されていない。我々は忘れられている」（新聞研究2011・7

№.720）と言われたという経験が語られている。あれだけ多数のメディア人が集結しながら、広域災害の被災の全容が十分に押さえられていなかった。災害報道のセンセーショナリズムとバンドワゴン現象に繋がる重要なテーマである。

新聞社のニュースバリュー判断の同一性によって欠け落ちてしまう情報があるからこそ、地元紙は、あくまでそれぞれの地域において「被災地からの通信」を発信するだけでなく、その地域における情報の徹底した深耕を目指してほしい。遠くの地から眺める大震災とそのことに関するこの地域の市民意識のありようについての冷静かつ客観的な報道が、それぞれの地域で市民が知るべき（かつ、求める）情報であろう。

くしくも、第64回新聞大会のパネルディスカッションにおいて、「超地域密着型メディア＝ハイパーローカルジャーナリズム」（既存のメディアの取材が行き届かない地域あるいはテーマに徹底して付き合う超地域主義）が打ち出されている。

ジャーナリズムとして

大震災報道にあたって、国民は、新聞に「何を期待」し、「どんな任務を負託しているのか」という問いかけは、あたかもマーケティングにおける市場調査発想のようでもあるが、実は、新聞は、決してそのことの答えを国民に求めていないようにも思われる。

危機の時代のさなかで国民は新聞に何を期待し、どんな任務を負託しているのか、……事実を掘り起こす取材力と、取材の成果を分かりやすく伝える表現能力にかかっている。……
（共同通信・ニュースセンター長　松本浩　新聞研究２０１１・５　No.７１８）

「客観報道」という曖昧なスタンスほど、読者にフラストレーションを生じさせるものはない。新聞は客観的事実を報道するから、それに対する「答えは国民が出せ（探せ）」という民主主義の根幹に関わるスタンスだが、実際には、そのような記事を読んだ多くの読者は、「そうか、そういう問題があるのだ」とか「そこを変えなければいけないのだ」と記者に感情移入し、評論家的に納得するだけで終わってしまうことがほとんどである。民主主義の基本である「国民の知る権利」と、新聞の客観報道との関係は、困難なテーマをいくつも提起するが、災害の21世紀は、明らかにそのような報道姿勢の見直しの時代である。「他人の言を借りてしか、意思表示ができない」という自己抑制は、国民が求めたものではなく、メディア自身が作り上げた一種の風見鶏志向（営業的配慮も含めて）の結果である。「新聞に何を期待しているか」

という質問への最も妥当と思われる回答のひとつは「旗幟を明らかにして欲しい」ということだ。

次に、阪神・淡路大震災当時に指摘された「政府の危機管理（日本の安全神話の崩壊へ）」、「自衛隊と文民統制（内局と陸自との確執）」、「気象庁の地震観測・予知体制の拡充」という三つの課題について、東日本大震災時にはどのように改善されていたのか。大震災発生後50日間連続して、1日あたり約10万人（総員の約5割）を超える自衛隊員の投入がなされたことは大いに注目されるべきである。これだけ大規模な災害派遣がスムーズに遂行されたことは、自衛隊の周到な準備と地政学的な判断の双方がポイントであろうが、このたびの『新聞研究』では一切論じられていない。

また、被災地の救助・救援に先立つ交通路確保のための国土交通省を中心とした大規模な「緊急道路啓開」作業についても論説はまったく見当たらない。このような災害復旧活動の初動の重要事項に関する報道の欠如は、どう考えればよいのであろうか。大災害に関しての貴重な論点が遺漏している。

原発問題の発生によって、このたびの大震災報道は「複合災害」報道となり、結果的に、大震災に関する報道は、かなり薄められてしまった感がある。例えば、支援を要する被災者としての外国人や旅行者に対する報道は、数えきれぬ被災者のなかに埋もれたし、警察官や消防職員、消防団員だけではなく、災害時要支援者を支えようとした民生委員などの多数の殉職についても詳細には報道されていない。いわんや、「明るい情報」を重要視するあまり、親族や知人の帰還を待ちながら「毎日、海岸を歩く人々」が報道されることはほとんどない。

歴史的視野

阪神・淡路大震災の発生を契機に、新聞が防災に果たしてきた役割や、いままでの災害報道のあり方についての時間的（歴史的）な気づきにも注目したい。災害報道が、目前に起こったできごとの報知だけではなく、「災害サイクル」発想による平時の継続的な必要性をはっきりと確認したことである。特に、阪神・淡路大震災後においては、わが国と国民の災害への備えの不十分さと、新聞自身がそのことを十分に警告してこなかったことへの真摯な反省が見られた。しかし、このときには、未来に向かって、わたしたちの社会が、減災のために「何をしていかなければならないか」までは主張されなかった。筆者自身の経験と重ね合わせても、戦後最大の被害をもたらした大震災を前に、新聞も一時期、精神的なモラトリアムになったことは否めない。

こんな大地震が起こることをこれまで適切に読者に伝えることができなかった。自分の二十年間の地震報道とはいったい何だったのだろう。

（毎日新聞・論説委員　横山裕道　新聞研究1995・4　No.525）

新聞による関東大震災時の震災報道と阪神・淡路大震災の報道との質的な違いに言及した論説では、新聞が大災害発生時に何を伝えるのかについての役割の転換が行われていることを指摘している。しかし、「読者の知る権利」すなわち「読者が何を知りたいか」ということを正確に把握するのは、先にも述べたように非常に困難であり、結局は、「（読者は）何を知るべきか」という新聞社側の判断に委ねられることになった。

私は、関東震災と今回の震災報道の質的な違いに気付くのだ。……先人たちと国民・読者との関係は、基本的に一方通行にならざるをえなかった。唯一のマスメディアとして、新聞は「読者に知らせる」ために全力を尽くすことが最大の任務だったように思う。……いまは違う。ひとことで言えば、社会の公器としての新聞は「読者の知る権利に奉仕する」ことが使命になってきたのである。

（朝日新聞・大阪本社編集局長　長谷川千秋　新聞研究1995・5　No.526）

ところで、東日本大震災については、比較的早い時期（新聞研究2011年5月号）に次のようなコメントが表れる。東日本大震災以降を意識した視点である。原発事故という途方もない未来への災禍を抱えていかなければならないことが直接の誘因であるとしても、16年前に未曾有の大震災を経験し、それからもいくつもの災害に遭遇してきたジャーナリズムの歴史的転回ではなかろうか。「未来から現在を見る視点」によって、災害大国日本が「大地からのメッセージにどう応えて行くのか」が新しい視線で問われはじめている。

10年後にメディアは、あの時どんな役割を果たしたかという歴史的評価の対象になる。

（共同通信・ニュースセンター長　松本浩　新聞研究2011・5　No.718）

海外メディア

東日本大震災に関しては、阪神・淡路大震災当時から比べて飛躍的に発展した世界的なメディア環境のなかで、海外メディアの報道についても大量に報じられた。また、『新聞研究』

でも、阪神・淡路大震災当時にはなかった新しい企画である「海外メディアから見たわが国の報道」についてのインタビューが行われた。そこで指摘された内外のマスメディアの報道姿勢の相違点についてては、国民の文化性とリアリティーの伝え方の違いによるが、多様なメディアが混在する現在、逆に、わが国のマスメディアとしての毅然とした基準の明確化が求められるといえよう。「日本人読者の受け止め方」を創ってきたのも新聞である。

一例として、遺体写真の扱いが挙げられる。……日本人の遺体に対する尊厳の感覚、日本人読者の受け止め方という要素も考慮される必要がある。……また、日本メディアは「パニックや不安をいたずらに煽らない」という職業的な使命感が強い、という点も指摘したい。……（フランスの）研究者の1人は「観測データに頼ると対応が遅れる。今後何が起こるかの予測に実測値は必要ない」と言い切っている。

（共同通信・外信部長　渡辺陽介　新聞研究2011・8　No.721）

東日本大震災報道に関する『新聞研究』の論説には、政府や東京電力の原発事故広報の不十分さについての「怒り」は提起されているが、大震災そのものについてのジャーナリズムとしての「怒り」は、ほとんど読み取れない。阪神・淡路大震災当時、兵庫県や神戸市の都市政策と災害対策についての批判が相次いだが、東日本大震災に関する報道には、行政側の防災対策に対する批判はほとんど見当たらない。しかし、地震と津波来襲の切迫性は警告されていたのであり、地震の規模と範囲がいくら「想定外」に巨大であったとしても、いち早く津波の接近を検知し市民に通報する「津波ブイ」の十分な配置や、防災無線による避難指示や大津波警報の自動通報装置化が実現しておれば、人的被害は相当に防ぎ得たはずである。

ジャーナリズムには「怒り」が必要だ。日本の新聞には怒りが感じられないことが多い。……日本国内の社会的な議論がなかなか活発にならないのは、体制を客観的に見る仕事をメディアができていないからだ。

（ニューヨークタイムズ・東京支局長　マーティン・ファクラー　新聞研究2011・8　No.721）

報じられる多数の殉職者のひとりひとりのストーリーは、「災害想定と対策」という防災レジームがもたらした人的な「悲劇」であるということを「怒ら」なければならないはずだ。もちろん、それはひとりマスコミだけの問題ではなく、阪神・淡路大震災以降16年間の為政者や災害研究者、マスメディア、そして国民のすべてが負うべき慚愧である。

被災地の復興が滞ってはならないが、さらに明日来るかも知れない「次の大災害」に向けて、すべての国民は、今、何をするべきなのだろうかが問われている。議論の余地なく明らかになっているのは、「自分の命を守るのは、自分自身である」ということだけである。

インターネット

幾度か触れたように、阪神・淡路大震災当時と比べると、メディア環境は激変している。ちょうど阪神・淡路大震災が発生した1995年にWindows95が発売されたが、以来16年間にインターネットは飛躍的な発展を遂げた。

本章で、そのようなデジタルメディアと災害情報のあり方を論じるものではないが、表5—2に挙げたように、テレビ・新聞とSNSとの連携などについても『新聞研究』でいくつか論じられはじめている。しかし、わが国では、現在でも、全国を洩れなくカバーするマスメディアの情報への信頼性は非常に高く（この傾向は必ずしも否定すべきではない）、東日本大震災時においても、国民がSNS上に流れる誤報やデマによって大きく混乱したという事実は存在していない。

　これからますます発達するインターネットと、それを利用する市民参加メディアが、次の大災害時にどのような役割を発揮するかは、軽々に「予測」できないが、国民のデジタルデバイドが徐々に解消され、利用者がさらに増加し、個別情報が流通するのは間違いない。なお、デジタル端末は微弱電波同士のコミュニケーションであるから、今後、全国的にどのように通信回線（ネットワーク）が構築され、それが大災害時にも維持されるかという技術的課題は残っている。

災害報道の未来

　以上、阪神・淡路大震災と東日本大震災に関する『新聞研究』に掲載された論説から抽出したキーワード群7項目を概観してきたが、阪神・淡路大震災から16年を経て「わが国の新聞による災害報道がどう変わったのか」という本章のテーマについて、結論的には、情報環境の進展に伴う海外メディアとの関連やSNSなどのデジタルメディアに関する論説が新たに出現したが、それ以外に大きな質的転換は見られなかった。

二つの災害報道に関する論説に通底するのは、わが国の政治システムとしての中央と地方との関係や、社会システムとしての都市と地方の関係である。すなわち、阪神・淡路大震災は、日本の主要都市の一つが壊滅的打撃を受けた都市型大災害であり、東日本大震災は、首都東京の経済諸活動を支える重要な国家的インフラとしての東北地方を襲った広域の地方型大災害であるという性格の違いである。

発生の切迫性が警告されている東海・東南海・南海地震の連動型にあっては、この二つの性格の異なる災害が同時に、より広域かつ多方面で発生する。重要なことは、このたびの東日本大震災のような国を挙げての集中的な救援や地域連携による相互支援はますます困難になるであろうし、一方で被災者の数は飛躍的に増加する。

被災地からの報道や知人の便りによる限り、一年たった2012年3月の段階で、東日本大震災の被災地の多くが復興プロセスに入ったとは言い難いように思われる。東北地方の産業復興は、わが国の社会システムや産業構造全体のありように関わる大きな問題であるが、それとともに、市民同士による徹底した話し合いのなかかから、復興まちづくりについての合意が形成され、「槌音高く」工事が進捗しているというわけではない。阪神・淡路大震災後の復興時にも、1989年のロマプリエータ地震（アメリカ・サンフランシスコ）の復興において取り組まれた、市民同士がじっくりと話し合いながら心をつなぎ、夢を紡ぐ『物語復興』という手法（ビジョン・サンタクルーズ）が提唱されたが、このたびの大震災被災地でどのように実現されようとしているのかもいまだ不明のままである。

自然が時に牙をむくことを、豪雪や津波を度々経験してきたわれわれは知っている。荒ぶる自然も穏やかな自然も丸ごと受け入れ、折り合って生きていく。それは美徳ではなく、生活の作法、知恵だった。

（河北新報・論説委員長　鈴木素雄　新聞研究２０１１·７　No.７２０）

その一方で、「復興構想」自体についても、次のような根本的な指摘があることを忘れてはならない。「大震災からの復興」が、わが国の未来を創造するまたとない機会であると前向きに位置づけるなら、指摘されているような復興構想会議の委員の構成比にとどまらず、さらに地域の復興における女性の役割にも大いに期待し、活用すべきであることは言をまたない。

東日本大震災復興構想会議の委員15中、女性は１人、しかも、経済に軸足をおいた復興計

画が男性を中心に進んでいる。「人間の安全保障」の実現を目指すのであれば、健康、福祉、教育などの視点を踏まえた地域づくりを核として、復興計画の全体像を構想すべきである。……社会の歪みは災害時に顕在化する。真の男女共同参画が平時に実現しておれば、今回も女性たちは差別されなかったであろう。国の文化レベルの現れとも感じる今日この頃である。

（「災害・復興と女性」堂本暁子　新聞研究2011・6 №719）

おわりに、これからの「平時の災害報道＝災害準備期」の災害報道について必要なことは、何をおいても災害報道の弛まぬ持続である。願わくは、新聞には、天気予報と同様に、毎日必ず「地震情報」、「災害時の行動」などの関連記事を掲載し、災害大国の政府と国民が、片時も「次の大災害に対する備えを忘れない」ように警告を続けていただきたい。

阪神・淡路大震災の直後に来日し被災地を訪問したジャン・ボードリヤールは、次のように語ったと伝えられている。

日本は経済的に豊かだと言われているのに、災害にあった多くの人々がいまもホームレスの状況に投げ出されていることには強い印象を受けた。……日本という国が豊かなのは日本人が貧しいからだという逆説も成り立つように思える。

（この言葉には多様な翻訳があるが、「戦後50年と阪神大震災」朝日新聞・大阪本社編集局長　長谷川千秋　新聞研究１９９５・５　No.５２６より引用した。）

東日本大震災の初動報道において、電気の来ない避難所で、被災者がテレビカメラに向かって「水が、食料が乏しい」と叫ぶ映像を見ながら何度、この言葉を思い起こしたことだろう。

第六章　市民防災力向上への取り組み

――広島市の平成30年7月豪雨における検証会議委員としての報告――

地域防災リーダーへの伝言

２０１８年（平成30年）７月豪雨（以下、「7月豪雨」という）が、西日本を中心として広域にわたり人々の平穏な生活を奪って二年が過ぎた。未だ人影や生活の匂いが消えたままの被災現場も多い。先人が苦労の末に築きあげてきた平安で豊かな日常が数時間にして無惨にも大きく破壊され、犠牲者は多数を数えた。

25年前の阪神・淡路大震災（１９９５・１・17）、9年前の東日本大震災（２０１１・３・11）、そして２０１４年８月豪雨による広島土砂災害後に、国や自治体が英知を集めて検証し、提言されたさまざまな改善課題がすべからく実現されていれば、豪雨の被害も少なからず減少したかも知れない。

思えば、毎年のように全国各地で発生する被災地のほとんどは、過去にも幾度か災害に襲われた「大地構造として脆弱な部分」や「改善課題を放置されてきた箇所」であり、決して突発的なものではない。また、20世紀後半、大都市周辺にスプロールした住宅開発に、河川改修や浚渫、土砂災害対策、森林整備事業等の防災のための諸施策が十分に追いついていかなかったとも言える。さらに、明治近代化以降、急速に整備された社会インフラ（鉄道、公共施設、上下水道、橋梁、堤防、街路樹等）の経年劣化（老朽化）がいよいよ具現化する時期に差し掛かったとも推測され、一層の不安が掻き立てられる。

7月豪雨については、災害情報伝達や避難行

広島市安佐南区緑井７丁目付近（2014年８月豪雨）

動に関して、自治体、マスコミや災害研究者による活動がいまも続いており、市民の記憶の風化や備えの弛緩防止にも大いに寄与しているが、それらは、あらかた過去から継続した防災体制の枠組みのなかで、「あのとき何ができて、何ができなかったか」、そして「これから、何を、どのように、改善したらよいか」という回顧と評論の地平にある。しかし、広域化と激甚化が著しい昨今の災害について、要素還元論的に災害因や被災状況を個別に分析する従来からの検証手法では、事象を細分化・矮小化し、諸課題の相関的視点を見失う可能性がある。地球温暖化による気候変動によって、災害の多発と広域化だけでなく、従来の常識を遥かに超絶する異常気象がわたしたちの生活を容赦なく襲い始め

広島市安佐南区八木８丁目付近（2014年８月豪雨）

ると警告されている以上は、発生した災害に対する後追い的検証から一日も早く脱却し、来るべき次の災害への万全の備えを目指さねばならならない。

ところで、常に各地の大災害後に開催される有識者会議等による行政への提言の多くは、「……すべきである」と表記されるが、それらの実現に向けての具体策やタイムスケジュールが明示されることはほとんどなく、必ずしもすべてが速やかに実施されるとは限らない。また、諸設備の新設や増強などハード対策には厖大な予算と時間を要するため、並行して、人的な「減災」対策（ソフト対策）として、地域コミュニティにおけるによる市民の相互支援（共助）の強化が求められる。筆者は、このたび、広島市の「平成30（2018）年7月豪雨災害における避難対策等検証会議」委員（副座長）として、学識

ＪＲ芸備線　広島市安佐北区白木町　第１三篠川橋梁(2018年７月豪雨)

経験者、市民代表および行政の危機管理担当部署等の委員と議論し、「地域防災のあり方」について、原点に立ち返って考える貴重な機会を得た。

本章では、広島市が、２０１８年９月に実施した市

広島市安芸区中野東国道２号線平原橋東詰付近

広島市安芸区畑賀３丁目安芸消防団畑賀分団車庫（いずれも2018年７月豪雨）

民アンケート（以下、「アンケート」という）の集計結果をもとに、筆者なりの分析と見解を補足しておくことにある（従って、文責はすべて筆者にある）。

避難行動を検証するにあたっての前提

政府・関係機関等による警告

(1)わが国の気象官署からの近年の三つの重要な警告（国土交通省・気象庁）

ア　2013年8月30日、予想される気象災害、水害、地震、噴火などの現象が特に異常であるため重大な災害の起こるおそれが著しく大きい場合に発表される「特別警報」が新設された。

イ　2015年1月20日、「新たなステージに対応する防災・減災のあり方」として、近年の異常な気象状況から、最悪の「命を守る」地域防災力向上へのさらなる取り組み11事態を想定、個人、企業、地方公共団体、国等が主体的に連携して国民の「命を守る」対応が必要であると宣言した。

ウ　2018年8月10日、気象庁の異常気象分析検討会は、気候変動や地球温暖化により、「異常気象が連鎖する」とともに「今後も起こりうる」と明言した。

(2)「防災4・0」の時代（内閣府「防災4・0未来構想プロジェクト」（表6―1））

2016年6月、伊勢湾台風（1959年：防災1・0）、阪神・淡路大震災（1995年：防災2・0）、東日本大震災（2011年：防災3・0）に続いて、「昨今の気候変動がもたらす災害の激甚化は、わが国の防災対策の大きな転換点である」とし、国民一人ひとりが災害のリスクとどう向き合うかを考え、備えるための契機となるよう、新たな防災減災対策の方向性を「防災4・0」と規定した。「防災4・0」の

表6－1　戦後の災害に対する基本的な考え方と主たる政策
（未来構想プロジェクト有識者提言（平成28年6月）より）

時　期	基本的な考え方	主たる政策
戦後～1960年代	事後対応（救助・救援）	・国民救助法（1947）制定
防災1.0 伊勢湾台風 1959年代～	災害対策基本（1961）の制定	・都市化によって生じた問題のハード的解決 ・防災専門機関（自治体、消防、警察等）の整備・充実
防災2.0 阪神・淡路大震災1995年～	地域防災の推進 （地域防災力の強化）	・人災論から、減災思想へ（防災に日常化） ・自助・共助・公助の発想 ・耐震補強の強化 ・地震保険加入の促進 ・自主防災組織の活性化 ・ボランティア法制度化 ・被災者生活再建支援制度
防災3.0 東日本大震災 2011年～	広域災害への備え	・災害復興政策の抜本的見直し ・次の広域災害への備え ・原発災害の発生による持続的可能な社会への国家政策の見直し（代替エネルギー問題） ・「防災の主流化」の具体的実現 ・防災教育の実現
防災4.0 地球温暖化に伴う気象変動がもたらす災害の激甚化	自分ごと	多様な主体が参画する契機づくりとなり、国民の一人一人が防災を「自分ごと」ととらえ、自律的に災害に備える社会にむけた新たな防災のフェーズ

時代には「地域、経済界、市民、企業等の多様な主体のそれぞれが、防災を**自分ごと**として捉え、相互の繋がりやネットワークを再構築することで、社会全体のレジリエンスを高め、自律的に災害に備える社会の構築を目指す」とされている。広域災害が頻発する状況下で、公的救援力も分散化、希薄化することが予想されるなか、高齢社会が急速に進み、要支援者が増加する地域コミュニティにおいて、自主防災組織等による救助・支援（共助）が地域防災の主体となるべきであるのは必然的な社会的要請である。

(3)「7月豪雨を踏まえた水害・土砂災害からの避難のあり方について（報告）」（中央防災会議・防災対策実行委員会「平成30年7月豪雨による水害・土砂災害からの避難に関するワーキンググループ」）

2018年12月、これまでの「行政主導の取組を改善することにより防災対策を強化する」という方向性を根本的に見直し、市民が「自らの命は自らが守る」意識を持って自らの判断で避難行動をとり、行政はそれを全力で支援するという、「市民主体の取組強化による防災意識の高い社会の構築」に向けて、実施すべき対策をとりまとめた。報告書の最後には、「国民の皆さんへ～大事な命が失われる前に～」というアピールが記載されている。

そこには、「行政は万能ではありません。皆さんの命を行政に委ねないでください」、「避難するかしないか、最後は「あなた」の判断です。皆さんの命は皆さん自身で守ってください」とあり、いよいよ、わが国も真に国民主権の自由主義国になる道程を辿っているようだという感慨を強くした。しかし、地方行政そのものが、従来からの「上命下達」意識から、市民との横のつながり（サポート）体制へ抜け出せるのかは疑問であるとともに、古来、営々と積み重ねてきた国民の「行政依存」文化が、求められるような自律的に判断し行動する発想に変革されるのも容易ではあるまい。とはいえ、阪神・淡路大震災（「防災2・0」）以来、自助・共助・公助の三つの強固な連携による「地域防災力の強化」から、切迫する広域巨大災害を前提として、それぞれの地域コミュニティにおいて、市民による自助・共助により地域防災を主体的に担う体制を構築し、公助が十分な支援を果たせないような危機的状況の到来に備えるという方向性は明らかである。

地域防災活動の取り組みの現状

現在のわが国の防災対策は、国土強靱化基本計画（2014年6月3日閣議決定）および「国土強靱化アクションプラン2018」（2018年6月5日、国土強靱化推進本部決定）と、各自治体の地域防災計画に基づく地域防災力の向上であり、マクロとミクロともいうべき「車の両輪」の関係にある。しかし、地域防災計画にあっては、例えば広島市における危機管理部署の担当業務としては、災害（カテゴリー1）、武力攻撃事態（カテゴリー2）、新型インフルエンザ等の緊急事態（カテゴリー3）、事件事故等の緊急事態（カテゴリー4）を包摂し、市民の生命身体及び財産に重大な被害が生ずるおそれがある各種の緊急事態に対処することになっているから、その体制、予算、要員のすべてを、地域防災のみに特化することには限界がある。

気象官署においても、未だ完全なピンポイントの災害発生危険箇所の予知が困難である現実と公的な避難所の開設要員と収容力の限界もあって、基礎自治体の首長の判断による、災害対策基本法第60条に基づく「避難準備・高齢者等避難開始、避難勧告、避難指示（緊急）」（以下、「避難に関する情報」という）の発表は、デリケートな政策的判断によっている。だからこそ、災害時の避難行動に関する基礎自治体と市民の法律関係は、上命下達の権力行為ではなく、相互の信頼関係に基づく行政指導という建て付けになっているのである。

ところで、昨今の頻発する災害発生に際して、自治体側から市民に避難行動を強制（命令）するような見解も浮上し、それを受容するかのように避難に関する情報の発表について、国（内閣府）や自治体は、「発令」と表現、記述している。行政による市民に対する行動規制は、「公共の福祉」に基づき伝染病等法律で定められたごく限定した場合のみであり、たとえ市民の「命を守る」ためであっても、自由主義、民主主義に基づく現行憲法上、その取扱いは厳格でなければならない。実体法上の権力行為としての「命を守る」ための緊急避難（刑法第37条や警察官職務執行法第４条）は、個別の状況下におけるやむを得ない（必要な限度の）措置である。

避難に関する情報の伝達と課題

伝達経路

⑴避難に関する情報の発信

避難行動の前提となる情報の内容は、「認知情報（何が起こっているか、もしくは起ころうとしているか）」と「行動指示情報（どうすればよいか）」の二つである。情報は、伝達されただけでは、一方通行のインフォメーションであり、受け手がその意味を正しく理解してはじめて双方向のコミュニケーションが成立する。アンケートによれば、避難に関する情報の発表についてて、まったく気づかなかった市民が、避難準備・高齢者等避難開始で６・８％、避難勧告で4・2%、避難指示（緊急）で4・5%存在した。地域防災リーダー等による個別の声がけの対象として最優先の対象である。なお、近時のメディアの多様化による情報過多と誤報や流言・飛語による情報の混乱にも十分に配慮しなければならない。

緊急災害情報の伝達時には、次のようなポイントがチェックされる必要がある。

ア　市民に100%到達できているか（伝達方法の種別、個別受信機、警察無線の併用等）

イ　市民が避難の必要性・緊急性を理解するような表現となっているか

ウ　市民に避難準備→避難勧告→避難指示の緊迫性度合を判断させるのは困難ではないか

エ　市民がただちに避難行動を開始できる外的状況（豪雨・雷・出水等）であるか

(2) 情報の伝達経路

基礎自治体からの同報無線による避難に関する情報の発表がメインであるが、あわせて災害対策基本法（第2条、第55条〜第57条）に定められた基幹放送事業者としての指定公共機関、指定地方公共機関をはじめ多様な伝達ルートが存在している。同報無線は、Jアラートにも併用されているが、従前から気象状況等にも影響され、聞こえにくいと指摘され続けており、設備の抜本的改良（屋内受信機の増設を含む）による信頼度向上が課題である。市民に顔の見える発表者（たとえば政令市の場合は区長自ら）がマイクを取るなどの情報に対する信頼度の向上を図ることも考慮したい。7月豪雨では、同報無線よりも、テレビやラジオ放送による認知が圧倒的多かった。緊急時には、テレビのSD3波の活用もデジタル化以来の継続した検討課題である（図6―1、表6―2）。

(3)ケーブルTVと地域コミュニティ放送（CFM）

テレビやラジオの県域放送とは違って、狭い地域に明確に情報提供のできるケーブルTVと地域コミュニティ放送（CFM）は、地域防災計画による指定地方公共機関に追加指定し、地域に密着した情報伝達の充実を図るとともに、必要に応じて公共放送（NHK）のサイマル放送を義務化することも推進したい。

(4)インターネット

インターネットによる災害情報の提供は、急速に発展し、時には、情報が輻輳して、必要な情報を見逃す恐れもたびたび指摘されている。総務省の調査によると、2017年度のネット利用率は、65～69歳67・9％、70～79歳46・7％、80歳以上20・1％であり、高齢者には、インターネットの受信、視認および理解が難しい上、自宅にパソコンなどのIT設備を所有しない所帯も多いという現実を忘れてはならない。

アンケートの回答者は、60歳以上が72・7％であったこともあり、基礎自治体等からのイン

図６－１　避難に関する情報の伝達経路

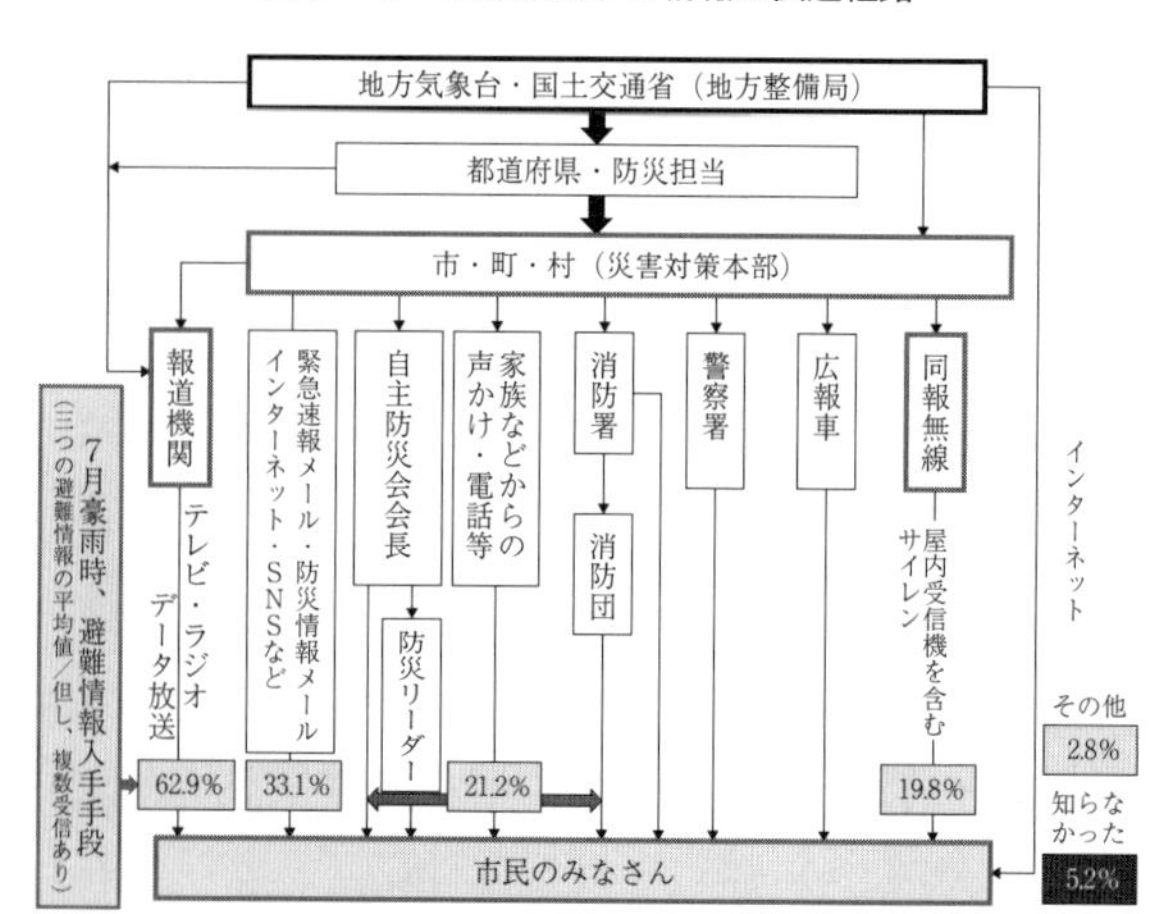

出典：筆者制作

表６－２　災害情報を伝達する各種メディア

放送系	基幹放送事業者：ラジオ・テレビ ＊災害対策基本法第２条 指定公共機関（内閣総理大臣が指定）NHK 指定地方公共機関（知事が指定） ＊災害対策基本法第55～57条 指定（地方）公共機関の基幹放送事業者に放送の要請を行う
	ケーブルTV・コミュニティ FM
通信系	防災（行政）無線・アマチュア無線・携帯電話・緊急速報メール・SNS・FAXなど
その他	広報車・消防車・警察車両・地域の防災組織等による口頭伝達 SNS：Twitter. Facebook. Line等
備　考	デジタルテレビ放送のSD３波の有効活用

ターネットによる情報伝達率は33・1％である（図6―1）。昨今のトレンドである自治体からのインターネットによる災害情報の発信は、決して全市民への必要十分な伝達手段にはなっていない。

⑸その他

警察官、消防職員、消防団員等は、避難に関する情報の発表時には、警察車両や消防車等による広報やサイレン吹鳴によって市民への周知徹底に最大の協力を要請したい。東日本大震災時には、消防や警察車両も積極的に広報活動を行った。現在の広島市の「地域防災計画」には、具体的な支援要請に関する手続きや支援活動は規定されていないが、指揮命令系統の違いを乗り越えて、状況に対応すべき課題である（表6―2）。

避難に関する情報の理解

アンケートにおいて、避難に関する基本の3つの情報（避難準備・高齢者等避難開始、避難勧告、避難指示（緊急））の意味の認識について聞いたところ、約三分の一の市民が正確に意味を理解していないという結果が明らかになった（図6―2）。これらの情報の意味は、義務教育において国民全員に周知すべき必要最低限の生活上の知識である。可及的速やかに、学校教育と社会教育によって全国民の理解を図る必要がある。

あわせて、昨今の訪日外国人旅行（Inbound Tourism）の増加に対応して、旅行者向けの外国語を含む案内板等の増設や災害情報伝達時の多言語化（同報無線、テレビ・ラジオ、インターネット等）が求められる。2017年3月には、消防庁から「外国人来訪者等が利用する施設における災害情報の伝達・避難誘導に関するガイドライン骨子」が発表されている。日本語を理解しない外国人も、災害情報を正しく認識し行動すれば要支援者ではなくなる。

図6－2　避難に関する基本の３つの情報の認知

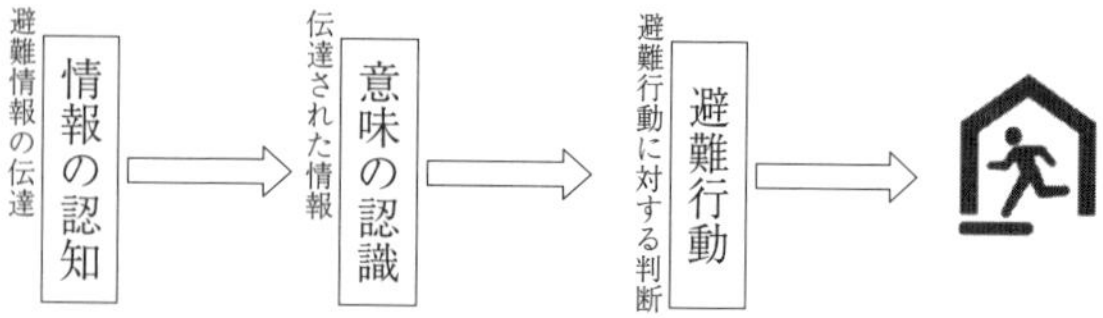

避難情報の伝達：情報の認知 → 伝達された情報：意味の認識 → 避難行動に対する判断：避難行動 →

避難勧告や避難指示（緊急）が出たことを知らなかった　4.6～5.2％

災害対策基本法第60条	意味も知っていた	聞いたことはある	聞いたことはない	無回答
避難準備・高齢者等避難開始	% 57.7	28.4	8.0	5.9
避難勧告	65.9	27.5	1.9	4.7
避難指示（緊急）	65.2	25.2	3.5	6.1

避難した	避難しなかった
22.1	% 73.7
無回答　4.2	

実際に避難した場所

自宅の上階（垂直避難）	市が開設した避難場所	市が開設した避難場所以外の地域などで開設した避難場所	親戚・知人宅	自宅以外のその他の建物	無回答
34.2	20.6	8.4	25.8	6.8	4.2

出典：筆者制作

自主防災組織と地域防災リーダーの役割

地域防災リーダー（防災士を含む。以下同じ）の活動実態

広島市だけで、２０２０年３月末までに、ＮＰＯ法人日本防災士機構認定の防災士８６５名養成しており、今後も増加させる計画である。さらに、自主的に公開講座などによって防災士資格を保有している市民を合わせると、広島県内における在住防災士は４，０００人を超える。しかし、ＮＰＯ法人日本防災士会広島県支部への加入者は、十分の一に満たず、自主防災組織による日常的な市民啓発活動や発災時の情報伝達、避難誘導および支援等の活動をする防災士は少ない。

全国的にも「地域における役割と行動モデル（いわば期待する地域防災リーダー像）」が確立されていないため、有志による個人的活動に依拠しているのが実情である。速やかに『地域防災リーダーの役割と行動規範（仮称）』を取り決め、積極的な自主防災活動への参加と共助の活動を要請したい。それぞれの地域における自主防災組織のカバーする範囲は、当該地域に住む市民全員であり、従来からの自治会・町内会のように「参加」や「加入」という概念は存在しない。既存の自治会・町内会など自由参加組織との存在理念の違いは、明確にしておかな

ければならない。防災は、すべての市民にとって、自分と隣人の「命を守る」ためのいわば地縁的絆であり、行政にとっては「法の下の平等」に基づき、個人の尊厳と幸福追求権の一環として（憲法第13条・第14条）の人身保護と福祉の充実（救助と救援）に係る事項である。

地域防災リーダーの主たる活動

地域防災リーダーの役割については、大きくは次の4つに分類できる。そのなかでも、主として平時における活動(1)を担当する。

(1)平時

危険箇所の認識、市民の防災意識啓発、地区防災計画の策定、地域防災マップづくり、過去の災害教訓の伝承、地域内危険箇所の発見と補修、企業の地域支援協定の推進、学校における防災教育のサポートなど

(2)災害切迫時

「避難準備・高齢者等避難開始、避難勧告、避難指示（緊急）」の伝達、声がけ、避難誘導支援、地域の危険箇所や河川の監視と関係箇所への通報など

(3)発災から救援時

応急救助、避難所運営支援、社会福祉協議会との協働、被災地（避難家屋）の治安確保（盗難予防）のための巡回など（なお、災害被災者の救出は、緊急に必要な場合のみ行い、できるだけ速やかに専門部署と交代する）

⑷復興時

地域復興（事前復興の促進）と被災者の自立に向けての心身ならびに生活支援などは、永い時間を要するとともに、専門的な知識が求められる。なお、他地域に出向いて行う防災ボランティア活動は、所属する組織（防災士会等）としての支援活動でない限り、原則として個人の資格で行うものである。

地域防災リーダーの役割と行動規範（筆者案）

第１条【地域防災リーダーの位置づけ】

地域防災リーダーは、地域の安全安心補助者として、可能な限り地域の自主防災組織のメンバーとして、何らかの組織上の役割を果たす。そのため自主防災組織は受け入れ態勢を整備する。

第２条【地域防災リーダーの役割】

地域防災リーダーは、自主防災組織の一員として平時から市民との「顔の見える関係」の構築に努める。

第３条【自主防災組織の基本行動】

①平時の地域防災力の向上および危険個所の把握と処置、市民啓発が主たる役割である。

②災害切迫時には、危険地域の巡回や監視により、いち早く異常を察知して関係官署に連絡する。

③災害切迫時や災害発生時には、応急救助、速やかな避難を呼びかけ、避難誘導・避難支援を行う。

④災害発生後には、避難民の自宅周辺の治安確保のために巡回し、公的機関と協力して、避難所の円滑な運営や環境整備に尽力するとともに、一般支援者（災害ボランティア等）への後方支援を行う。

⑤被災地復興の事前防災を主導し、被災者の自立支援をサポートする。

第４条【その他】

①必ず各自の責任で「災害ボランティア保険」に加入して行動する。

②地域防災リーダーが、他地域で災害ボランティアを行う場合は、防災士会等の公式活動でない限り、原則として「個人としての行動」とする。

避難行動についての考察

避難行動類型

災害種別にもよるが、地震を除いて速やかな事前避難こそが「減災」の要である。筆者は、アンケートをもとに、住民の避難行動類型を6つに分類した（図6―3）。避難行動類型ごとに掲げた①～⑭のパターンは、典型的なケースである。アンケートでは、避難しなかった632人が、一人平均約3件（全部で1、953件）の理由を選択している（178ページ図6―4、図6―5）。避難に関する心理状況と行動類型は多分に複合的であり、各人が不安や迷いのなかで苦悩していることを理解する必要がある。避難行動の類型化を重

図6－3　避難行動の類型

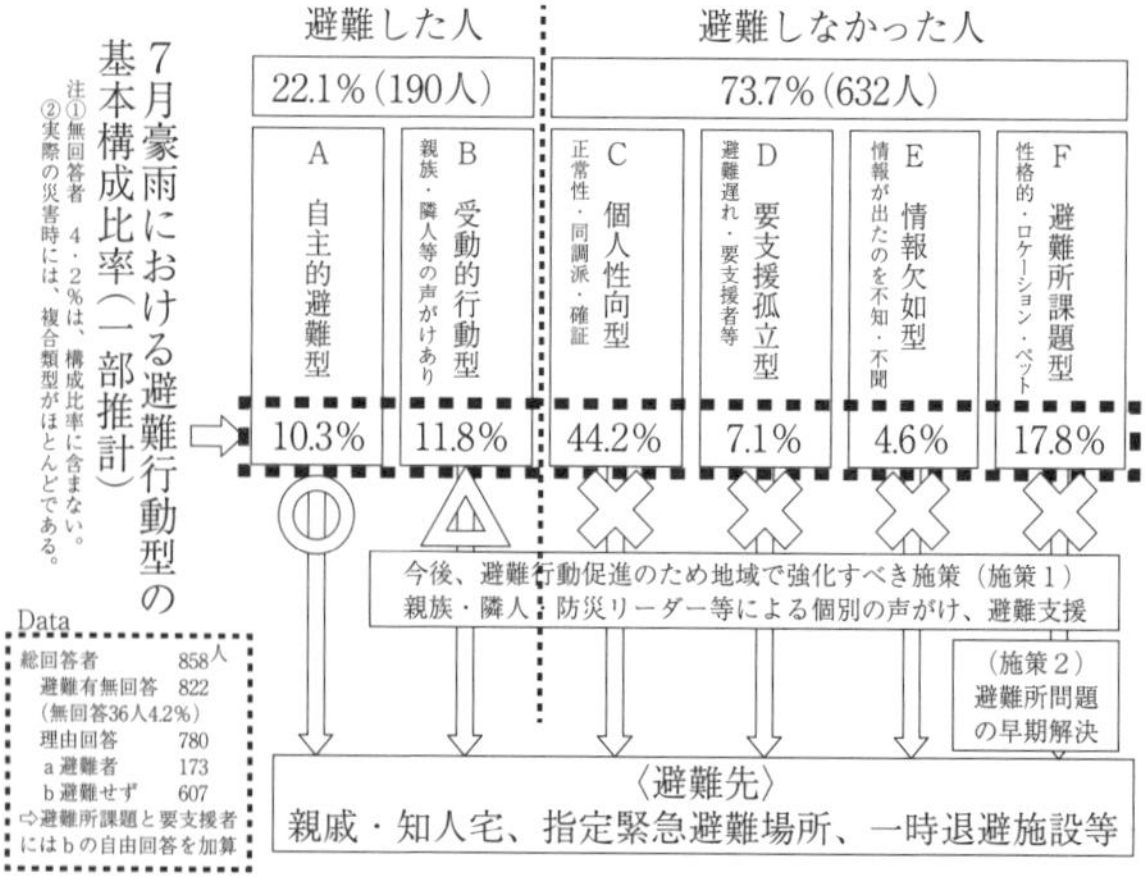

7月豪雨における避難行動型の基本構成比率（一部推計）

注①無回答者　4・2%は、構成比率に含まない。
②実際の災害時には、複合類型がほとんどである。

避難した人		避難しなかった人			
22.1%（190人）		73.7%（632人）			
A 自主的避難型	B 受動的行動型（親族・隣人等の声がけあり）	C 個人性向型（正常性・同調派・確証）	D 要支援孤立型（避難遅れ・要支援者等）	E 情報欠如型（情報が出たのを不知・不聞）	F 避難所課題型（性格的・ロケーション・ペット）
10.3%	11.8%	44.2%	7.1%	4.6%	17.8%

今後、避難行動促進のため地域で強化すべき施策（施策1）
親族・隣人・防災リーダー等による個別の声がけ、避難支援

（施策2）
避難所問題の早期解決

〈避難先〉
親戚・知人宅、指定緊急避難場所、一時退避施設等

Data
総回答者　858人
避難有無回答　822
（無回答36人4.2%）
理由回答　780
a 避難者　173
b 避難せず　607
⇨避難所課題と要支援者にはbの自由回答を加算

出典：筆者制作

視しすぎると、ラベリングに繋がる恐れがある。また、たとえ避難行動を推進する（命を守る）ためではあれ、個人の行動心理にまで踏み込むことは、個人の尊厳を踏みにじる可能性がある。従ってあくまでも、避難行動促進のための声がけ等の目安とする限度にとどめるべきである。

Ａ　自主的避難型

①実際の気象状況や災害前兆現象から判断して、自主的に避難する。避難先は、必ずしも指定緊急避難所であるとは限らず知人、友人宅等への避難が多い。

②普段から危機管理意識が高くマスコミの気象情報や自治体の避難勧告等に応じて、速やかに避難する。

Ｂ　受動的行動型（おおむね、正の多数派同調バイアスに相当する）

③親族、隣人、地域防災リーダー等との普段の交流（人間）関係のなかで、呼びかけに応じて避難する受動型であり、地域防災リーダーの声かけが重要である。

④親族、隣人、地域防災リーダー等の強い避難呼びかけにより、不承不承ながら避難するタイプであり、地域防災リーダーの声がけの対象である。

C　個人性向型（おおむね、正常性バイアス、確証バイアスに相当する）

⑤災害の危険に関する無知・無関心および正常性バイアス、負の多数派同調バイアス、確証バイアスにより避難しようとしない。

⑥避難指示等が発表されても、自宅付近にまで危険が迫っているか様子見などにより避難時期が遅れる。

⑦外出している家族や近隣居住家族の安否確認、非常持ち出しの準備などで避難のタイミングを失する。

⑧個人的な性格として、避難場所の住環境や集団生活に不安があり、避難を逡巡したり、拒否したりする（このパターンは、F類型とも密接に関連する）。

D　要支援孤立型（要支援者に相当する）

⑨心身等の状況から、支援者がいなければ、自分だけではスムーズな避難ができない（要支援者もしくは、要支援者と介護者など）。

⑩幼児や外国人など、日本語と災害時社会システムの理解不足のため適切な避難行動ができない（外国人については、外国語による災害情報の伝達などによってこの類型から離れる）。

E　情報欠如型（⑩の場合など、要支援者とも重なりあう）

⑪気象情報・避難情報等（行政無線、マスコミ、インターネットなど）を聞いていないか、もしくは聞こえない環境にいる場合である。

F　避難所課題型（個人性向として、集団行動を忌避する場合⑧も含む）

⑫避難場所が少なく、自宅から遠いので夜間の雨天や浸水時には避難行動が困難である。

⑬避難場所までの道中が危険であるから、避難できない（単独行動の不安感も含む）。

⑭乳幼児やペットを同伴（同行）したいが、他の人の迷惑を考えて避難を躊躇する。過去の被災地でも問題になっており、早急な公的指針の確立が望まれる。

避難行動類型における心理的要因の分析

(1)避難しなかった理由

「避難しなかった理由」（アンケート全回答者858名うち避難しなかった者632名、その他102名、無回答25名）の複数回答（1、953件）を、正常性バイアス、多数派同調バイアス、確証バイアス、避難所課題、その他の5つに分類した（図6―4、図6―5）。この

図６－４　避難しなかった理由と分類（n＝632　複数回答1,953件　n に占める割合%）

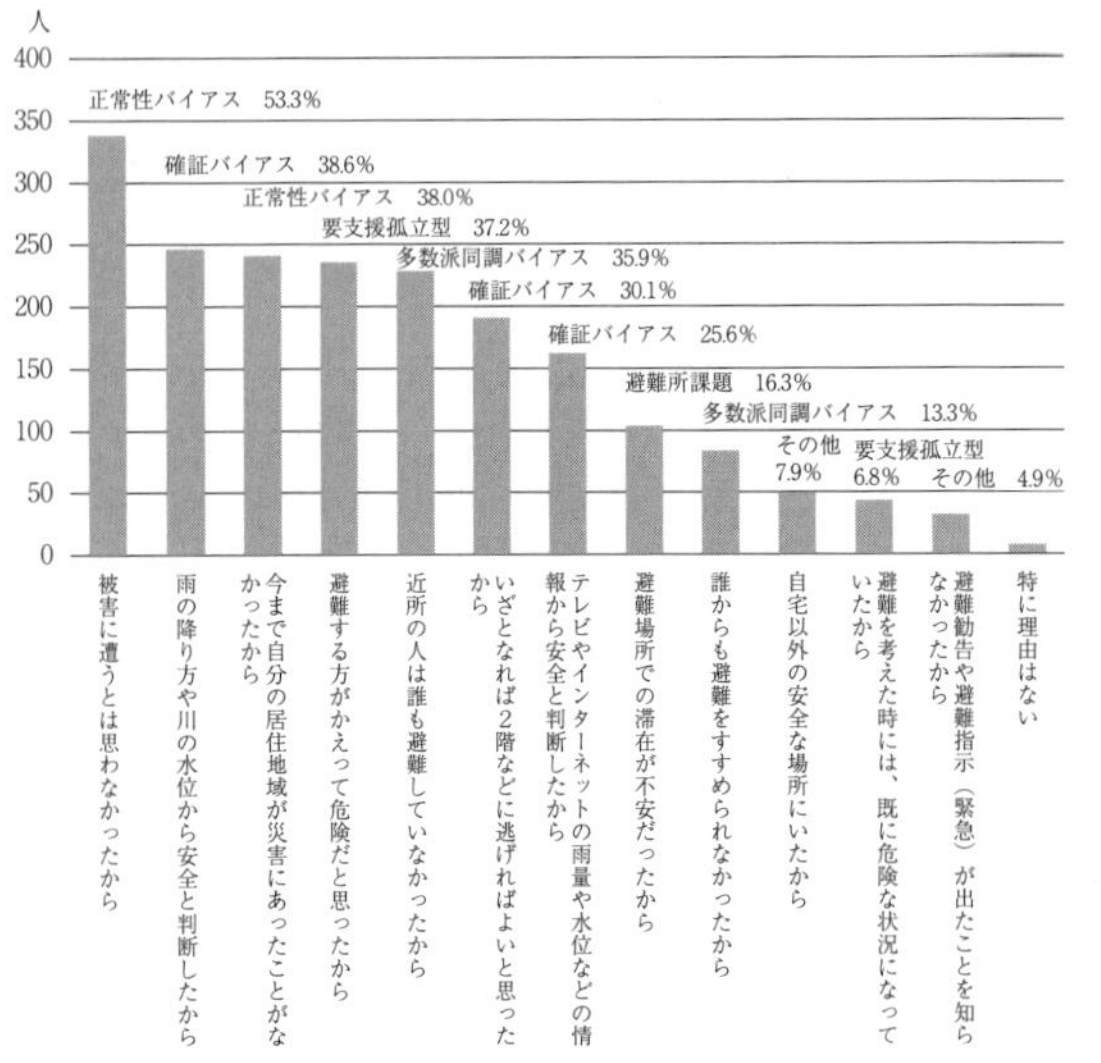

出典：アンケート

図６－５　避難しなかった理由（n＝632　図６－４の複数回答1,953件を５つに分類）

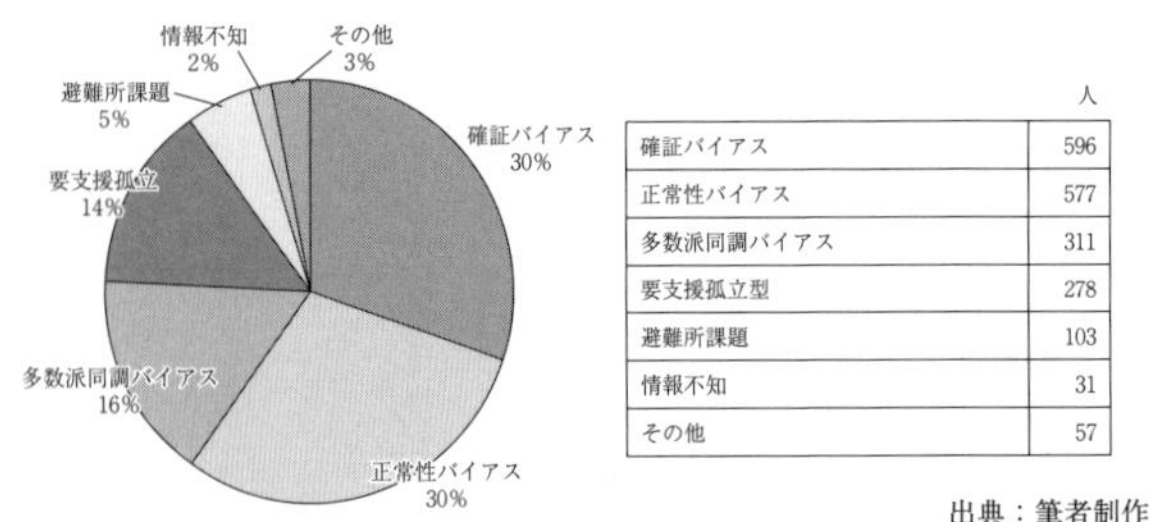

	人
確証バイアス	596
正常性バイアス	577
多数派同調バイアス	311
要支援孤立型	278
避難所課題	103
情報不知	31
その他	57

出典：筆者制作

タイプには、もちろん専門的な知識を有する者もいるだろうが、多くは、地域防災リーダーとの日頃からの信頼（人間）関係が確立されており、避難行動への説得の奏功を期したい。また、多数派同調バイアスと避難所課題は、地域防災リーダーによる積極的かつ適切な声かけと避難所課題の解決（F類型）を目指すべきである。

避難しなかった（できなかった）市民にも、ひとりひとりにかけがえのない個別事情が存在しており、たとえ「命を守る」ためであっても、声がけに際しても、それらの事情を十分に斟酌して対処しなければならない。時として、声がけによっても避難しなかったことが、地域コミュニティにおいて「悪」になるような風潮は絶対に避けなければならない。避難をしなかった市民が挙げた、「避難をしなかった人の決め手となった理由」（表6―3）では、典型的な正常性バイアス（「被害に遭うとは思わなかったから」）はわずか13・1%

表6－3　避難しなかった人の決め手となった理由（ｎ＝632　ｎに占める割合%）

特に理由はない	1.9
避難勧告や避難指示（緊急）が出たことを知らなかったから	0.6
避難を考えた時には、既に危険な状況になっていたから	1.1
自宅以外の安全な場所にいたから	3.6
誰からも避難をすすめられなかったから	1.1
避難場所での滞在が不安だったから	1.7
テレビやインターネットの雨量や水位などの情報から安全と判断したから	4.7
いざとなれば2階などに逃げればよいと思ったから	5.1
近所の人は誰も避難していなかったから	3.3
避難する方がかえって危険だと思ったから	10.0
今まで自分の居住地域が災害にあったことがなかったから	6.3
雨の降り方や川の水位から安全と判断したから	9.5
被害に遭うとは思わなかったから	13.1

出典：アンケート

であり、確証バイアス（「避難する方がかえって危険だと思ったから」）が10・0％となっている。正常性バイアスに関しては、最近の災害多発や防災に関する啓発活動の結果、すでに市民感覚としてかなり解消しつつあると思われる。

⑵避難をしなかった人の自由記述（n＝632のうち自由記述86件）

確証バイアスについては、「能動的なメディア等からの情報確認による安全性の思い込み」、「自宅は安全である」、「設備（砂防ダム）がある」など確信的理由が多い（図6―6）。また、避難所課題には「避難場所までの距離が遠い」や「避難の道中に危険を感じる人」が多かった。豪雨や浸水時の要支援者や高齢者の避難には、運送事業者等と相談して、バスやトラックなど多少の出水にも強い大型車両による避難場所までの送迎も検討しておく必要がある。あわせて、避難所課題（F類型）につ

図6－6　避難しなかった人の理由（自由記述）と分類（n＝102うち具体的記述86件）

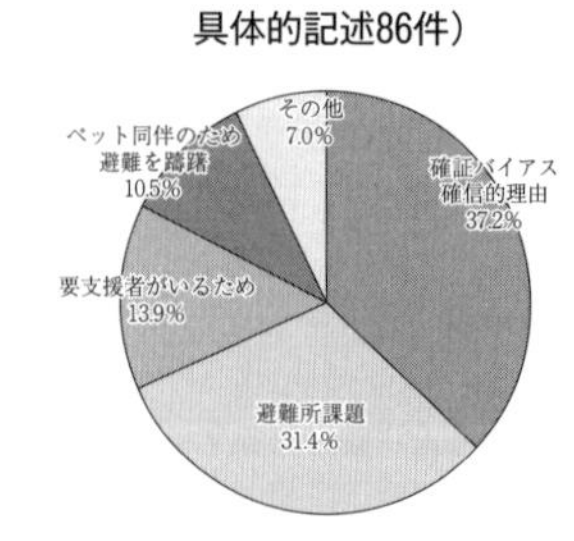

	人
確証バイアス	32
避難所課題	27
要支援者がいるため	12
ペット問題	9
その他	6

出典：筆者制作

いては、自動車による避難手段をルール化すれば、図6—6の避難所課題とペット問題の合計36人（個別意見を述べた人のうち41・9％）の避難可能性が高まる。

(3)避難した人の避難場所

実際に避難した人の34・2％は、自宅の上階（垂直避難）である(図6—7)。災害対策基本法第60条第3項には「災害が発生し、又はまさに発生しようとしている場合において、避難のための立退きを行うことにより、かえって人の生命又は身体に危険が及ぶおそれがあると認めるときは、市町村長は、必要と認める地域の居住者等に対し、屋内での待避その他の屋内における避難のための安全確保に関する措置（以下「屋内での待避等の安全確保措置」という）を指示することができる。」とあり、この避難形態は、あくまで例外的なものである。これを「避難行動をとった市民」に算入すると、事態の正確な把握を失する恐れがあることに注意

図6－7　実際に避難した人の避難場所（n＝190）

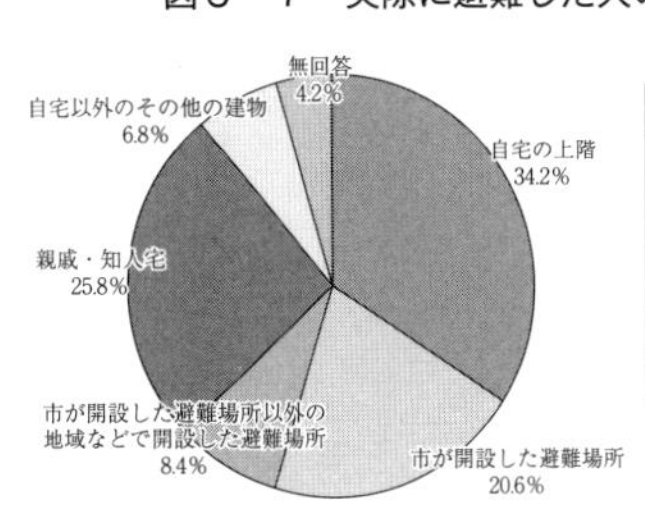

	人
自宅の上階	65
市が開設した避難場所（小学校など）	39
市が開設した避難場所以外の避難場所（集会所など）	16
親戚・知人宅	49
自宅以外のその他の建物	13
無回答	8

出典：筆者制作

が必要である。アンケートの対象となった地域では、木造家屋が85・0％であり、土砂災害や激甚な浸水被害に対して脆弱である。これを除くと、実際の水平避難者は、125人（14・6％）にとどまる。

また、「避難をした人の決め手となった理由」（表6—4）は、「雨の降り方などで身の危険を感じたから（24・2％）」と「家族に避難を勧められた（12・1％）」、「近所の人や消防団員等に避難を勧められた（9・5％）」が圧倒的に多い。「雨の降り方などで身の危険を感じたから」という市民は、約4人に1人であり、平時からの防災に関する啓発が、かなり有効に作用していると思われる。一方で、避難しなかった人の決め手となった理由（179ページ表6—3）においても、同様に「雨の降り方や川の水位から安全と判断したから」が9・5％（10人に1人）存在しており、同一事象に対して市民が相反する見解に分かれたことは、激しい降雨が土砂災害や浸水被害に結びつく教訓が、

表6－4　避難をした人の決め手となった理由（n＝190　nに占める割合%）

無回答	27.4
その他	7.9
近所の人や消防団員などに避難を勧められたから	9.5
家族に避難を勧められたから	12.1
大雨特別警報が発表されたから	3.2
土砂災害警戒情報が発表されたから	1.1
避難指示（緊急）が発令されたから	6.3
避難勧告が発令されたから	2.1
避難準備・高齢者等避難開始が発令されたから	0.5
近所の人が避難を始めたと知ったから	1.1
インターネット等で雨量や水位などの情報を見たから	4.7
雨の降り方などで身の危険を感じたから	24.2

出典：アンケート

十分に伝承されていないためではないか。なお、多数派同調バイアスに対しては、「家族に避難を勧められた（12・1％）」、「近所の人や消防団員等に避難を勧められた（9・5％）」など声がけの有効性が立証されている。普段は無意識の思考を、他者からの声がけによって、はっきりと意識することで、有効な行動をとるための判断ができる。

(4)避難しなかった人の男女別比率

男女別の避難しなかった比率（アンケートでは、男女の実数比が59・6：38・6であったので、各項目別に全体に占める比率を算出して同基準に換算して比較）をみると、女性のほうが、多数派同調バイアスなどの感情的理由が大きなウエイトを占める（図6―8）。特に性別を強調する必要はないが、個別の声がけや避難行動支援時に活用できる。

7月豪雨における広島市の被災者（死者）の男女内訳は、総数23人のうち男性が12人、女性が11人であり、行方不明者2人は女性である。自然災害において女性の被害率が高いことが一般法則とは言えないが、阪神・淡路大震災や東日本大震災でも、女性の死者が男性を上回っている。65歳以上の一人暮らし高齢者の増加は男女ともに顕著であるが、1980年には男性約19万人、女性約69万人、高齢者人口に占める割合は男性4・3％、女性11・2％であったが、

２０１５年には男性約１９２万人、女性約４００万人、高齢者人口に占める割合は、男性13・3％、女性21・1％となっている（平成29年度高齢社会白書）。なお、これからの地域防災活動や避難場所等においても、多様性社会（diversity society）におけるＬＧＢＴ（「Lesbian」、「Gay」、「Bisexual」、「Transgender」）などセクシュアル・マイノリティ（性的少数者）に対する理解と設備や接遇に関する配慮が欠かせないことを付言しておく。

(5)その他～避難行動に関する考え方

避難行動は、災害危険地域に居住す

図６－８　避難しなかった人の男女別理由比較図

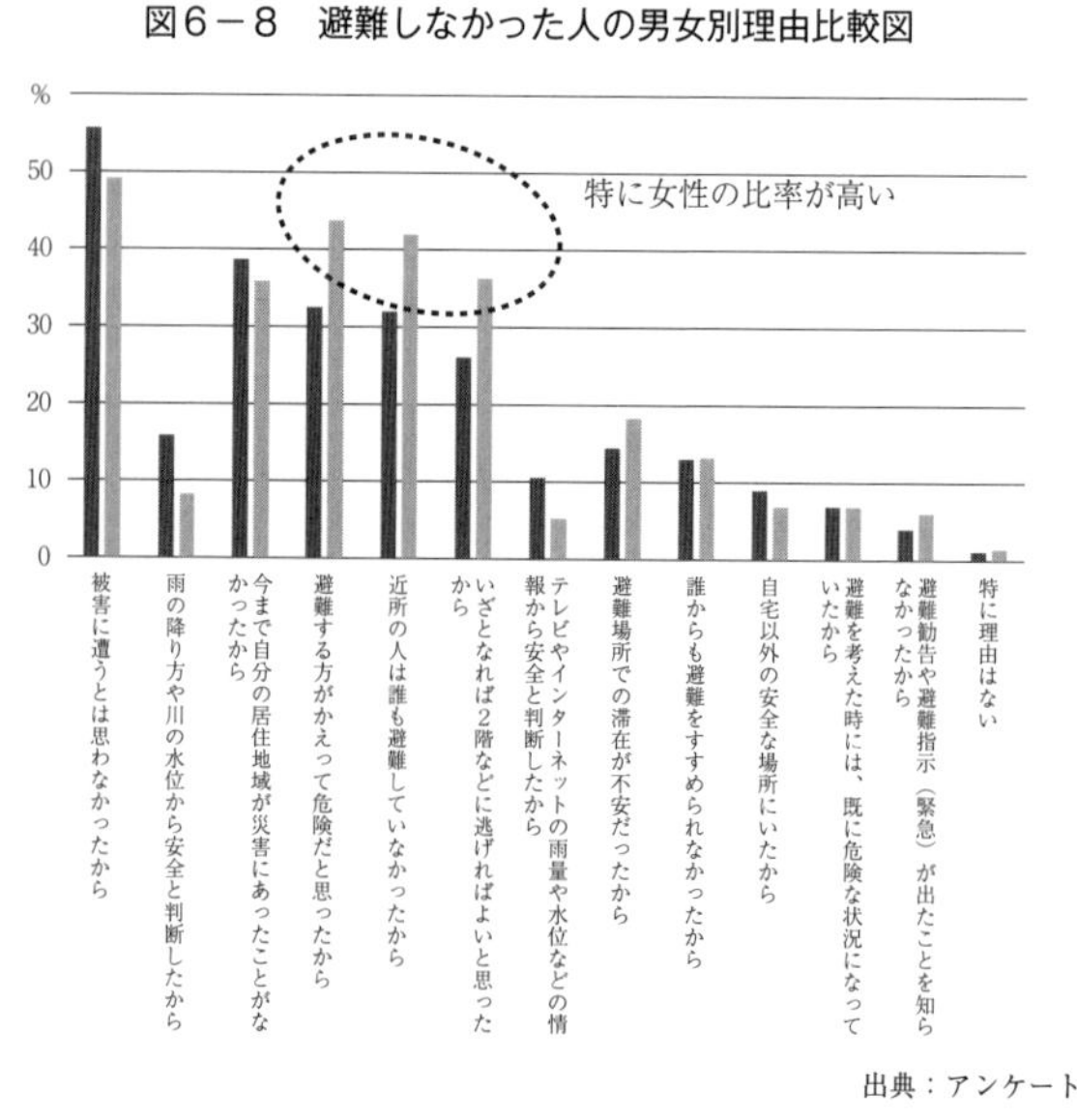

出典：アンケート

る市民の100%を目標とするのが当然であるが、個人性向や要支援者問題など直ちに解決の困難な事情もある。漠然と一般論や抽象論で避難行動に関する意識改革を啓発するだけではなく、対応が比較的容易な避難所課題等を早期に解決して、一人でも多くの避難者を増加させるという段階的かつ目標管理による発想も不可欠である。ともかく、正常性バイアス等によって避難そのものへの消極的意見も多いが、避難したくても肉体的や精神的にも容易でない市民を優先することが重要である。

早期に取り組むべき施策

⑴施策1：地域防災リーダーによる個別の声がけ、避難支援（要支援者）の強化

地域防災リーダーは、地域コミュニティにおいて日常活動のなかで、市民と顔の見える関係をつくり、それぞれの個人的事情、避難行動類型や発想の特性をきめ細かく把握しておくことによって、声がけや避難支援においても、より有効なアプローチを選択しなければならない。避難行動をとらない典型的なパターンについては、表6―5にあげたような説得策を十分理解して対応したい。

(2)施策2：避難所課題の早期解決・自動車による避難

避難所課題として挙げられた避難場所のロケーション問題（避難場所が限定されている）の解決、乳幼児やペット同伴避難に関するルール作りが喫緊の課題である。赤ちゃんやペット同伴問題の解決は、それほど簡単ではない。ペット同伴の場合には獣医師によるケアも必要となる。また、実際に避難行動をとった人の68.4％が自動車で避難しており、過去の全国の災害時にも、高齢者等要支援者、乳幼児の存在、ペット同伴やその他交通手段の疎な地方における避難手段として用いられてきた現実を直視し、警察と連携して安全な通行経路の指定や駐車場所の確保が求められる。自動車による避難は、都市周辺部など、避難所までの距離が遠い箇所ではとても有効な避難手段だが、市街地では、車の混雑や渋滞により身動きがとれなくなったり、車の放置が混雑に一層拍車がかかったりするケースも考えられる。日頃から避難所までの道路事情の把握など、自動車

表6－5　避難行動をとらない理由と説得ポイント

避難行動をとらない理由	特性や状況	説得策
・被害に会うとは思わなかった ・今までの被害にあったことがない	正常性バイアス	気象庁の発表にあるとおり（2.2.1）気象状況が「新たなステージ」に入ったため、従来の常識は通じないこと。
・近所の人が逃げていなかった ・誰からも避難をすすめられなかった	多数派同調バイアス	率先避難者になることが、隣人の命をも救う行為となること。
・テレビ等を見て、大丈夫と判断した ・自宅が安全	確証バイアス	異常気象について、素人判断は危険であること。防災士資格保持者であれ、気象判断のプロではない。

出典：筆者制作

避難の有効性を前提に、事前に確認しておきたい。なお、自動車避難における過去の災害の教訓として、車中泊中の静脈血栓塞栓症（いわゆるエコノミークラス症候群）、精神的あるいは身体的ストレスによる心筋梗塞・脳梗塞や排気ガスの吸入による一酸化炭素中毒などの防止について十分に徹底する必要がある。

⑶施策3：居住地域や建造物特性の把握

居住している建築物のロケーションや構造上の安全性に関しては、最新技術で建設された強固な鉄筋コンクリート造の集合住宅（マンション等）の居住者は、想定される災害時にも、指定緊急避難所まで赴かなくとも、上階への垂直避難で済む場合がある（国交省／防災拠点建築物の機能継続ガイドライン）。ただし、発災後の停電・ガス・水道等ライフラインの停止時等には、公的な避難場所への避難が必要になる。

避難率算出の母数については、具体的な建造物や立地をも勘案して、実態を正確に把握しなければならない。地域全体に一律に避難を呼びかける従来型の避難に関する情報の発表を見直す時期が来ている。そのためには、平時における地域防災リーダーの巡回や点検による地域情勢・個別特性の把握が必要である。

国交省／防災拠点建築物の機能継続ガイドライン（2018年6月6日）によると、「①大規模地震が発生しても構造体の補修を必要としない「Ⅰ類」と位置付ける防災拠点建築物について、建基法の1・5倍の構造耐力確保を求める。②大規模地震の発生時に必要最小限の補修だけを必要とする「Ⅱ類」と位置付ける建築物については、建基法の1・25倍の構造耐力確保を求める」としている。

避難所に関する課題

⑴避難所のQOL（Quality of Life）の改善

一定の災害発生を受容する社会（「減災」社会）では、大災害が起これば命が助かっても多くの人々のその後の人生が大きく狂ってしまう現実をどのように軽減していくかが重要な社会的課題となる。たとえ避難場所における数日間の生活でも、避難者（被災者を含む）の人間としての尊厳を十分に尊重する対応と設備が求められる。

国際的にも、災害や紛争などの被災者すべてに対する人道支援活動を行う各種機関や個人が現場で守るべき最低基準であるスフィア基準（Sphere standard 生命保護のために必要不可欠な四つの要素として、①給水、衛生、衛生促進、②食糧の確保と栄養、③シェルター、居留地、ノン・フードアイテム（非食糧物資）、④保健活動の各分野における最低基準があげられ、人間の生命維持に必要な水の供給量、食糧の栄養価、トイレの設置基準や男女別の必要数、避難所の一人当たりの最小面積、保健サービスの概要など）が定められている。

また、東日本大震災後には、内閣府から「避難所における良好な生活環境の確保に向けた取り組み指針（2013・8）」が通達されているが、避難場所の抜本的改良について、予算的にもノウハウとしても容易に可能な自治体は少ない（2019・10には、同通達の再検討が開始されている）。段ボールベッドの導入等いわば仮の居住性向上施策にとどまらず、速やかに生活環境とプライバシーの尊重を推進していかなければならない。指定緊急避難場所のみではなく、その後の生活避難所や仮設住宅等においても、プライバシーや生活の質の向上が求められ「大災害が起これば多くの被災者のその後の人生が大きく狂ってしまう現実」を社会全体として、どのように支援して行くかが問われている。

⑵一時緊急退避施設の増加

7月豪雨では、避難ができなかった市民から、避難所までの距離の遠さや避難経路の危険性が指摘されている。避難を自治体指定の避難場所（多くが公立学校の体育館）に限定しない柔軟な対応として、自主防災組織と地域防災リーダーが中心となって、個人や法人所有の堅牢建築物への緊急時一時退避受け入れ協議を急ぎたい。そのうえで「地区防災計画（災害対策基本法第42条の2）」として、「地域防災計画」に組み入れられるように提案していくのが道理である。

これまで広島市が指定してきた「浸水時緊急退避施設」（2020年3月現在、579施設：広島市HP）は、全国的にも稀有な先進事例であり、当該施設についても、浸水時のみならず、地震や土砂災害時の一時退避にも拡大するべく協議を進めるとともに、さらに施設数の増加を目指したい。

今後のわが国の災害発生状況によっては、一部の津波常襲地域における避難タワーの建設のみならず、地域ごとに一定の間隔で、災害時専用避難所の設置も検討したい。また、現在、多くの公民館が指定緊急避難所に指定されていない理由としては、要員やマネジメントのみならず、耐震補強や備蓄が十分になされていないことが挙げられるが、そもそも公民館については、昭和21年7月5日発社第122号各地方長官あて文部次官通達で「公民館は全国の各町村に設置せられ、此処に常時に町村民が打ち集って談論し読書し、生活上産業上の指導を受けお互いの交友を深める場所である。それは謂はゞ郷土に於ける公民学校、図書館、博物館、公会堂、町村集会所、産業指導所などの機能を兼ねた文化教養の機関である」（公民館設置運営の要綱）と謳われている。今後とも、地域コミュニティの中核になるべき貴重な資産である。

⑶社寺その他宗教施設への避難

過去の大災害例によれば、高台に多い社寺やその他宗教法人施設等への避難民が相当数発生している。公的機関は、政教分離の精神（憲法第20条、第89条）により、それら特定の宗教施設への備蓄や設備増強などの公的支出は、目的効果基準等により制限されるが、大災害時には、超法規的かつ緊急避難的に医療支援や食料等の供給にも配慮しなければならない。

⑷外国人向け指定緊急避難所の開設

昨今の外国人労働者や旅行客の増加に対応するため、熊本地震時（2016年4月14日）に、熊本大学が設置した外国人向け避難所の開設は先進的モデルである。

さらなる防災力向上のために留意すべき重要事項

⑴市民の居住地域の被災危険性認識の強化

アンケートによれば、自宅が土砂災害特別警戒区域であること（知っていた人：20・5％）、土砂災害警戒区域であること（知っていた人：43・0％）、土砂災害危険箇所であること（知っていた人：29・8％）、洪水浸水想定区域に含まれていること（知っていた人：8・4％）など被災危険性が十分に周知されていない。また、明らかに、平時における自治体や自主防災組織による広報やコミュニケーションが不足している。対象地域には、居住者ばかりでなく来訪者にも認識可能な常設の掲示や表示が必要である。あわせて、すでに全国の自治体で広く実施されている直近の指定緊急避難場所への道標の掲出（電柱・自治会掲示板等への掲出）についても倣うべきである。

⑵「津波てんでんこ」の伝承（各人の個別自主避難への相互信頼関係の確立）

早期避難についての伝承のひとつに、三陸地方には「津波てんでんこ」がある。「津波てんでんこ」とは、「津波が来たら、取る物も取り敢えず、肉親にも構わずに、各自てんでんばらばらに一人で高台へと逃げろ」、「自分の命は自分で守れ」という民間伝承である。平時から「津波の時は、てんでんこをしよう」と約束し、家族間相互の信頼関係を確立しておきたい。要支援者については、それぞれの契約上の支援者（例えば、幼児の場合は、保育所の保育士等）を信頼する。7月豪雨時にも、家族の帰りを待つ妻子が避難のタイミングを失した例があるが、お互いが自己責任でベストな安全行動を取るという信頼が確立していれば、安心して自分と子どもの命を守るための最適行動がとれたはずである。

なお、避難行動に消極的な市民に対して、「自らの命は自ら守る」という真っ当な説得だけではなく、「あなたがもし被災すれば、あなたの大切な人が悲しむ。あなたにはその人のために自分の命を守る責任がある」という「愛する他者への思いやりの論理」が、避難を拒む人の心を動かすことにも、説得者は思いを巡らして欲しい。

(3)「情報がないという情報」と「忘れられた被災地」

広域災害時には、中山間地（農業地域類型区分のうち、中間農業地域と山間農業地域を合せた地域）の限界集落などに対して、被災の見逃しを失くすため「情報がないことも一つの情報である」という発想に基づく、速やかで徹底した被害状況調査が求められる。今回の災害においても、そのような隠れた被災地がいずれかに存在したかもしれないという懸念が、現在も脳裏をよぎることがある。マスコミ等で大々的にニュースとして取りあげられた被災地へは、救援隊や災害ボランティアが全国から駆けつけるが、山間僻地の「忘れられた被災地」が、一切の救援やサポートもなく放置されることのないよう、広域災害時の被災状況の把握と救助・救援・災害ボランティア等の適正配置等をコーディネートする体制が必要になってきている。

(4)「閾値（しきいち）：threshold value」の存在仮説

地域コミュニティにおける避難行動を「集団的テーマ」とみるか、「個人毎の防災行動の集積」とみるかは一概に決定できないが、新興の住宅開発地域やマンション、大型商業施設、地下街などでの集団的避難行動は、一定の割合を超える（閾値）と爆発的に急増する状況も想定される。そのような現象が発生した場合、避難行動のリーダーシップの重要性のみならず避難所収容力不足や運営上の混乱なども予想される。パニックの発生も危惧されるような統制を欠いた市民行動は、関東大震災時の惨劇を彷彿とさせる。Ｊアラート発信時も含めて重要な研究課題である。

（注）閾値（しきいち）とは「特定の作用因子が、生物体に対しある反応を引き起こすのに必要な最小あるいは最大の値。

限界値または臨界値ともいう。物質の化学的性質、あるいは物理的性質により値が定まる。致死閾、刺激閾、あるいは味覚・嗅覚など反応の起こり方により多様な態様をなす」（ブリタニカ国際大百科事典 小項目事典）。なお、これに関連して、「百匹目の猿現象（Hundredth Monkey Effect）」という興味深い物語がある。「ある行動や考え方などが一定数（割合）を超えると、接触のまったくない同類にも伝播する」というもの。大災害時の市民の集団避難行動として同様の現象が起こる可能性を想像している。

(5)復興力格差問題等

災害が広域で多発する時代には、被災者や仮設住宅等が、常時かつ長期にわたって地域に存在し、国、自治体や地域コミュニティの支援のあり方、および被災者の復興力格差による貧富の差、市民生活の混乱、企業の転出、仮設住宅や復興住宅の退廃地区化等深刻な社会問題が発生する恐れがある。国、自治体、企業や市民団体等による総合的かつ長期的な視野に立った復興政策の推進が求められる。被災者と被災地が辿る長く苦しい復興のプロセスにおいて、「地域社会の復興に差がみられるのは、復元＝回復力について、その地域に埋め込まれて育まれていった文化や社会的資源（結束力やコミュニケート力、問題解決能力）にある」（上別府圭子２０１３）という正鵠を射た指摘を官民ともに噛みしめたい。

(6)「市民防災の日」の制定、災害研究機関の設立など

災害の記憶を風化させないために、マスコミ、行政、学校や公共交通機関をあげて、月一回程度「命を守る」「市民防災の日」キャンペーンを推進する試みを提唱しておきたい。年一回の「防災の日」や、過去の被災地における慰霊祭などの周年行事だけでは、市民の防災意識と備えに弛緩や不足が生じる恐れがある。

さらに、各地域ごとに経済界や学界の協力によって、「災害文化発信の拠点」となるような、災害被害の恒久展示、災害伝承の教訓化、市民啓発、被害軽減策などを研究するための持続的な取り組みが切に望まれる。目まぐるしく人と情報が移ろう多様性の時代にあって、幾多の災害の教訓が、正しく記録、蓄積され、伝承されていくためには、倦まず弛まぬ教育と正確な情報発信が欠かせない。

(7)その他、今後の防災対策として長期的視野で取り組むべき重要施策

①「立地適正化計画」の促進（災害危険地域からの移転促進を含む・土砂災害防災法第26条など）

②「建築確認」（建築基準法）、「建築許可」（都市計画法）のあり方（建築基準法等の防災的視点）

③被災後の生活再建のため損害保険・水害保険・共済保険への加入促進
④学校教育・社会教育における防災教育と大学の教員養成課程における防災教育
⑤地域と企業・大規模店舗との相互協力協定の締結
⑥食品店や日用品店との流通備蓄システムの確立と協定締結（カード時代の停電対策等）
⑦災害廃棄物処理等「事前復興」策として、社会の排出系システムの整備
⑧避難所の収容能力を超える全市民の「全員避難や避難指示（緊急）」を発表せざるを得ない場合の対応
⑨その他、災害時の市民の財産保全（避難地域の防犯、私有自動車等の高台避難、田畑の状況監視など）

地域防災を推進する姿勢

わが国の人々は、太古から繰り返される過酷な天変地異を乗り越えて、世界にも冠たる輝かしい文明を築いてきた。しかし、ひとたび大地がほんのわずかな身震いをするだけで、数百、数千人の命を一瞬にして喪失するほどに懦弱な存在でもある。そして、今や次にくる大災害に

よって、過去のカタストロフィーをはるかに凌ぐような巨大な鉄槌で、現代文明と日常生活が跡形もなく破壊されるかも知れないという不吉な足音が聞こえはじめている時代に突入したのである。

にもかかわらず、多くの人々が、「日常の安楽に身を委ね」、「周到に備えない」、いざというときにも「先を争って逃げない」ことのまことの理由は何だろうか。冷静に考えれば、これほどの科学技術の進歩によっても、5W1Hのすべてが不分明なままの大自然の専横に備えて、か弱い蟷螂之斧を常時振り上げたまま、追い詰められていく日々を生きるほどの精神的、物質的な余裕（redundancy）をいまだ持ちあわせないというのが現実ではないか。

思えば、高層ビルの林立する大都会を一歩抜け出せば、小さな敷石を土台にした旧法時代の家屋が至るところに健在であり、季節の強風を避けるため、危険極まりない崖下や谷あいにも身を寄せあっている。それらは、微細な地震や土砂崩落などに襲われただけで、甚大な被害を受けるだろう。しかし、狭隘で変化の激しい国土に、三万年以上も住み続けてきたわが祖先が知恵を絞って探り続けてきた生存方式の帰結であったとも言える。認識していても、あえてそれに瞑目して暮らす生活は、その短い生の営みにおける確率の低い「ギャンブル」にも例えられよう。しかし、その確率が急速に上昇している。
いつ、どこで起こるかもしれない災害に対して、公的に常備された救助システム（公助）がすべての人々をカバーするのは不可能である。私たちは迫りくる危険に対して、主体的に備え、できるだけ早く安全な場所に身を寄せる避難行動を取るため、本人の行動（自助）のみならず、隣人や周辺の人々の支援（共助）が重要となる。地域住民が手を携えてお互いの命を守る必要がある（地域防災力）。

確認しておきたいが、「自分の命は自分で守らなければならない（自助の精神）」ということは、仮言的命令（「もし、あなたが災害で命を落としたくなかったら、このように行動しなさい」）ではなく、「大切な人や愛する人を悲しませないように、あなたには、何としても生き延びる義務がある」という他者の生存価値の尊重に向けた意識改革を目指している。

市民防災力の重要性

21世紀になって盛んに使われるようになった災害に関する報道における「命を守る」という

フレーズは、決して斬新でも本質的でもなく、平穏な日常生活が破壊されるかも知れないという不吉な足音が聞こえはじめた時代における最後の「切り札」であることは、厳粛に受け止めておきたい。かけがえのない家財を見捨ててでも「命」だけは守らなければならないし、「命」さえ助かればなんとか未来は開けるという切ない決意なのである。

戦後75年を過ぎて、「地域」や「コミュニティ」という単位は、行政区画としてしか存在しない区域も多い。また、超高齢化と言われる時代に入って、避難行動もままならぬ住民も多くなり、地域防災力の向上のために乗り越えるべき課題は多い。そんななかで、何人かの防災に関する知識を持った人材（地域防災リーダー）がいるというだけで地域防災が容易に達成できるものでもない。その人たちは、いわば「地の塩」であり「蒔かれた種」と認識しなければならない。その慈愛に満ちた地道な活動が、ひび割れた地域の土壌にゆっくりと浸みていき、花を咲かせるためには一定の時間が必要である。遅まきながら、現在はその途上にある。

おわりに、すでに人口が減少しつつある縮小社会にあって、地域住民が、再び前世紀後半に見失った交流の火を灯そうとするのは人倫の定めなのだ。一人ひとりが、微力な自分の知恵と力で生きていけると錯覚した大地の平穏な時代は、自由主義や個人主義という理念が大手を振って社会を席巻した。しかし、母なる大地が、人間社会が、与えられた命を軽んじ、自然からの無秩序な収奪に堕したとき、不機嫌に叱咤するのは当然であろう。

「新しい共存主義」というべき発想と行動が求められる時代である。地域防災活動とは、特別な正義でも善でもなく、住民がともに手を取り合って命を守る知恵であり、人間愛であり、慈悲心であり、あえて言えば、作法であると認識していきたい。そんな心豊かな精神の結集を「地域防災力」と呼びたい。

謝辞：本章に使用したデータは、広島市が設置した平成30年7月豪雨における避難対策等検証会議に提出されたものである。本データの使用に関して快く了解をいただいた広島市危機管理室に感謝する。

■中国新聞オピニオン「今を読む」への寄稿から

——中国新聞に掲載された筆者の投稿の中から、防災に関する記事について一部加筆訂正して掲載する。

(1)市民防災の時代~重なる惨事　伝える拠点を（平成26年9月9日付朝刊）

1995年1月17日早朝、一瞬の大地の咆哮によって神戸の街が変わり果てたことを今も鮮明に思い出す。わが国の防災の大きな転機になった阪神・淡路大震災である。

しばしぼうぜんとしたが、家族の安全を確認すると、肢の踏み場もない自宅を後にし、大阪梅田の職場へ車で急いだ。それから約5か月間、一日も休まず、被災した鉄道会社の広報担当として被災から復興への一部始終をマスコミに発信し続けた。

あの前日以来、今も会えないままの数人の友人の面影は決して忘れない。被災者にとっては記憶の風化など、あり得ないのである。やがて自分の中で「防災まちづくり」に関わることが、6千人を超す犠牲者への自分なりの手向けであるという思いが芽生えた。人生の大きな転機であった。

◇　◇

その後、東京での災害放送の見直しなどに関わり、今の大学に赴任。この地の「災害文化」に向き合って11年になる。

あらためて指摘するまでもなく、広島県はわが国で土砂災害危険箇所が最も多い地域である。いわば災害の芽を抱えながら人々は暮らす。

しかし、昨今の国際的な流れである「防災の主流化」が強く意識されてきたとは思えない。防災を政策の最優先に掲げ、そのための投資を拡大することを意味する考え方だが、阪神と東日本の大震災を経て、さながら「臨戦態勢」を敷いて次の災害に備えている地域との切迫感の違いにはじくじたる思いだった。

筆者は阪神・淡路大震災を機に生まれた民間資格・防災士の養成研修の講師として全国各地に赴く機会が多く、広島県内の防災リーダー育成にもかかわってきた。ここ数年で自主防災組織は各地で相次いで立ち上がり、ハザードマップの作成も進んできた。

しかし、それらは一朝事あるときに結果が問われるものだ。あるべき防災の姿を語ることや、そのとき何かができるはずだと安心することが目的ではない。

それを思うと、今回の広島市の土砂災害は慚愧に堪えない。ことしは99年6月の豪雨災害から15年。悲劇を繰り返すまいと決意を新たにして2か月もたたないで、これほどの大災害に襲われたのだ。

筆者の管見でも、地方に向かうほど、防災行政無線の戸別受信機が各戸に設置されている。隣同士で声を掛け合い、助け合う心の絆で結ばれた自主的な防災組織がつくられている。

しかし、都市部ではどうか。プライバシーを犠牲にしてまで、防災の地域コミュニティを築こうという意識は、いまだ希薄なままである。

しかも、今回は広島市の不手際が相次いで報じられた。気象台などの雨量予測のファックスを見逃していたこと、防災行政無線のスピーカーやサイレンに不備があったことなどである。このままでは市民との信頼関係が損なわれるばかりだと危惧する。地域を推進してきた自主防災会がどの程度機能したかも含め、検証が必要だ。

阪神・淡路大震災の後、神戸では災害を伝え、未来に繋ぐための研究機関「人の未来防災センター」が開設された。ハード面だけではなく、災害に強い社会の仕組みと平素からの市民お備えについて研究・啓発してきた。全国の自治体の防災担当者や防災リーダーが集い、アジアの防災教育拠点にもなっている。

◇　◇

今も不明者の捜索が続き、多数の市民が避難を余儀なくされていることを重々承知のうえで、ひとつの提案をしておきたい。

土砂災害でたびたび大きな被害を受けた広島で、この惨状と教訓を後世に正しく伝え、安心・安全に暮らすための「市民防災を研究するシンクタンク」をいずれつくってはどうだろう。実現すればわが国で初めてで、「広島方式」とでも呼べるモデルになるかも知れない。

自然災害は、それぞれの地域の歴史や文化と密接な関係を持っている。いわば地域ごとに異なる「不幸」なのである。今回の災害も、被爆後の復興と発展に何らかの関わりを持っているはずだ。それを丹念に読み解き、市民防災の都市を建設することが、今後のわたしたちの決意でなければならないだろう。

(2)熊本地震と地域防災〜なぜ教訓は伝わらないか（平成28年5月17日付朝刊）

一刻も早くと気持ちは焦っていたが、ようやく熊本地震の被災地に入れたのは、発災から2週間ほどたった激しい雨の降る午後だった。この世の出来事とは思えない阪神・淡路大震災の被害にぼうぜんと立ちすくんでから既に20年以上が過ぎたが、あの時と同じような凄惨な事態を目の当たりにして、あらためて直下型地震の恐怖をまぶたに焼き付けておこうと心に誓った。古い民家が、まるで上から押しつぶされたように損壊し、2階建ての家ごと傾斜したり、屋根を下にして転倒したりしている光景は、2度にわたる激震が別々の方向から被災地を引き裂いたように思えた。それに、1987年の宮城県沖地震でも処々に見られた鉄筋の少ないブロック塀の倒壊も出現していた。

◇　◇

今回の地震は終息宣言がなされているわけではないから、軽率かつ時期尚早のそしりを覚悟であえて発言する。熊本の友人からの情報、新聞やテレビの報道、さらに会員制交流サイト（SNS）を通じて伝わってくるのは、倒壊し死者を出した家屋は81年以前に建てられたものが多く、家具の転倒防止も不十分であったことだ。耐震補強され周到に備えられた公共の避難所も少なく、２００４年の新潟県中越地震でクローズアップされたエコノミー症候群が多発した。また、留守宅を狙った窃盗や詐欺などの犯罪も相次いでいるようだ。

最近、大きな自然災害がこれほど頻繁に発生するのに、なぜ各地で同じことが繰り返されるのか。言い換えれば、なぜ教訓は伝わらないのかという無力感と焦燥感をあらためて感じる。わが国の防災活動はこれを機に、より現実的で実効性のあるものを目指して再スタートを切る必要があろう。

一つの課題は、災害のたびに学んできたさまざまな教訓が、それぞれの地域特性を加味して、その地域ごとにきちんと整理された上で普段からの市民生活の指標として標準化されていないことである。

熊本を訪れた日、被害の激しかった益城町を歩くと「危険」の赤紙が張られた家屋の開け放たれた玄関の奥でじっと座ったままの年老いた女性と目が合った。その瞬間、阪神・淡路大震災以来、私たちが取り組んできた防災とはいったい何だったのか、考え込まざるを得なかった。

それは被災者や被災した財産の数的価値を重視したシステマティックな都市防災がメインであって、周辺地域の片隅で寄る辺なく途方に暮れる高齢社会の「個」の防災にまで思慮が足りなかったのではないか。無念さが込み上げてきた。

◇　◇

もう一つの課題は、教訓を地域地域コミュニティにおいて正しく伝承し、普段から継続して防災活動を啓発する人がまだまだ足りないことだ。

平時からハードとソフトの両面で災害に強いまちづくりを推進することが、被害を少なくする（減災）ための基本であることは言うまでもない。私たちが推進している地域における防災士や防災リーダーの養成は、そこに最大のポイントがあろう。

混乱を極める被災地で、物資や支援が整然とすべての被災者に行きわたることが困難であるのは承知しているが、平時から市民と自治体などの防災担当部署が手を携えて、より実践的な訓練や話し合いを重ねることが必要だ。そこから、マニュアルにとらわれず「コンティンジェンシープラン」といわれる状況対応型の柔軟な計画や発想を取り入れることも、決して不可能ではあるまい。

昨今は、多くの市民が日々の安心・安全にとって防災が欠くことのできない課題であると認識しているが、市民と行政が心をひとつにして地域防災力の強化を実現するには、道は遠いと言わざるを得ない。

大災害の悲惨さから学んだ後世に伝えるべき教訓▽それを正しく伝え指導する人々▽さらに

それをしっかり受けとめて一人一人が自分のこととして行動する市民、という地域コミュニティの「防災のトライアングル」が、まだ完成していないのである。地球環境が激動期に入ったといわれる現代にあって無為な時間を過ごす余裕はないことを肝に銘じたい。

(3)地域の防災体制～「意識改革」では間に合わぬ（平成28年10月25日付朝刊）

ここ数年、次々に襲う台風や豪雨、地震などによって日本各地で大きな被害が発生している。昨年9月の関東・東北豪雨、今年3月の熊本地震はいまだ記憶に新しく、9月末には、岩手県や北海道で河川の氾濫や浸水が相次ぎ、高齢者施設などで悲惨な犠牲者が出た。「この地に数十年住んでいますが、こんな被害は初めて。途方に暮れています」と被災者がつぶやくのを聞いて、胸が張り裂けそうになる。

日本の高齢化は押しとどめようもない。高齢者が全て災害弱者とはいえないが、社会的弱者への支援や配慮も極めて優先度の高い課題である。

折しも先週は鳥取県で震度6弱の地震が発生した。広島駅のホームにいた私は、これほど連続する大地の鳴動に天を仰いで立ち尽くした。

◇　◇

このところ気象庁は「今回の雨量や風速は観測開始以来初めて」「予測していなかった場所での地震」などと発表することが多い。大自然に人間の想像を超える異変が生じているのかもしれないが、これまでに人類が遭遇してきた幾多の大災害を顧みれば「想定外」が起こり得ることは前提であるはずだ。現代の防災には、既成概念に捉われない発想と状況に即した対応が求められている。

にもかかわらず先ごろの台風10号の対応には驚いた。「『避難準備情報』は支援者を必要とする人々にとっては『避難勧告』と読み替える」という地域防災計画の基本さえ、十分周知されていない地域があったという。これほど続く災害に向き合っていても、守るべき人たちを守れない社会は、まったくの無防備、無慈悲というほかない。

思えば戦後、日本人はたがが外れたように自由主義や個人主義を享受してきた。その結果、メディアやネットが描き出す華やかで刹那的なバーチャルの世界に身も心も委ねて、いざというときの地域のつながりの大切さを忘れたままではないか。明日にもこの場所で起きるかもしれない大災害の現実から決して目を背けてはならない。

その時、減災の基礎になる地域コミュニティのつながりについて、市民一人一人の発想の「コペルニクス的転回が必要とされることはつとに多くの識者によっても語られてきた。フランスの社会学者デュルケムは「個人の結合を通じて、社会が個人の総和とは異なったものになる」と述べている。従来にない防災地域コミュニティの創造によって個人の力量を超えた地域防災力強化に期待がかかる。

◇　◇

この機会に注意しておきたいのは、市民啓発の慣用句として叫ばれる「防災への意識改革」という観念的スローガンだけでは、実効性と即効性のある市民の防災行動には結び付かないことである。

これからの地域防災は、さらに信頼関係を深めた官と民が平時から同じ土俵に立って議論を深め、現実的、具体的な行動計画を策定し、その確実な遂行を目指すことが大きな鍵になる。理念を超えた実行あるのみである。

広島市はことし、防災関係者の努力のかいがあって、日本防災士機構から独自の防災士養成機関として認定を受けた。全国の政令指定都市でもほとんど例のない先進的な体制である。広島市の防災士養成には、わが国でも指折りの優れた防災研究者や関係者が集い、過去、現在そして未来の災害について前向きの情報交換を行うとともに、地域防災を支える市民防災士の養成に心血を注いでいく。

今後は市内各地区に防災士資格を持つ「地域防災のプロ」が次々と養成される。２０１４年8月20日の土砂災害からわずか2年で、このような地域に根付いた防災体制の基礎固めが成し遂げられたことに敬意を表したい。

今後は、従来の地域団体の体制にこだわらず、防災のプロである防災士を中心とした自主防災組織が存分に活動を推進するための仕組みと制度を構築していく必要があろう。今こそ市民の知恵と勇気を結集して謙虚かつ誠実に現実を見つめ、地域も個人もそれぞれがなすべき備えを確実に実行するときである。

(4)広島土砂災害3年~防災・減災　発想の転換を（平成29年8月19日付朝刊）

このところ時間雨量が50ミリを上回るような豪雨が相次いで列島各地を襲い、局地化、集中化、激甚化してきた。広島土砂災害もそうである。大きな火山噴火発生の恐れもある。これを踏まえ、国土交通省は一昨年「新たなステージに対応した防災・減災のあり方」を公表し、従来の発想にこだわらない災害への備えと対応を呼びかけている。

私たちもこの機会に、阪神・淡路大震災以来、国を挙げて取り組んできた「地域防災力の強化」について、積み残した問題の解決を目指すとともに、さらに強靱な社会の構築を目指さなければなるまい。

大雨による土砂崩れや洪水の発生リスクが高まると、自治体は避難勧告や避難指示を発表する。そのタイミングは自治体の裁量に任されているのが現実で、実際に行動に移すかどうかは、市民自身の判断による。それが市民防災の基本的な考え方といえるが、それでいいのかどうか。

◇　◇

わが国でも高齢化が進み1人暮らしの人が増える現状に即し、バスをチャーターして安全な土地へ避難してもらう措置を早急に検討する必要がある。中山間地域からの避難、あるいは深夜や未明の避難はとりわけそうだ。先ごろの台風5号襲来で、全国各地の道路や住宅街を濁流が洗うようすをテレビで見るにつけ、これでは自主避難はとてつも無理だとつくづく思った。

一方で、阪神・淡路大震災の反省から、地域防災を担う多くの防災士や防災リーダーが養成されていることは心強い限りである。しかし私が以前から指摘してきたように、彼らの活動について、ほとんどの地域では具体的な権限や規律が定められておらず、個人的な使命感に頼り続けている。そのせいもあってか、防災活動には地域格差が極めて大きいのだ。

「新たなステージ」と呼ばれるような災害多発時代である。市民への速やかな情報伝達や避難誘導について、防災士や防災リーダーが積極的、効率的に活動できるような官民の取り決めや、地域コミュニティの仕組みを早く構築しておかなければならない。

大量の流木が被害を拡大させた九州北部の豪雨をはじめ、このところの豪雨による土砂災害によって、ともすればおろそかにされてきた治山の重要性にも気づかされた。しかし、有効な対策を取ることは容易ではあるまい。

まずは、防災の視点をなおざりにした土地の高度利用や宅地開発計画の策定には、従来以上の慎重さが求められるべきである。東日本大震災をきっかけに、東北被災地で進められている高台移転は、全国的にも防災と土地利用について大いに参考となる。

■中国新聞オピニオン「今を読む」への寄稿から

さらに国交省は「災害リスクを踏まえた住まい方への転換」と称して、不動産の購入者に対して災害リスクについての情報の提供や、浸水の発生頻度についての情報の公表を目指す。遅きに失した感もあるが、必要なことだ。

あの広島土砂災害から間もなく3年になる。広島市安佐南区の被災地に完成した巨大な砂防ダムの前に立ってみた。これから起こりうるさまざまな災害にも、市民の命の盾として立ちはだかってくれることを心から願った。

しかし、防災・減災は砂防ダム建設で終わりではない。気象情報に常に注意を払い、災害の前兆を見逃さず、早期避難、自主避難しようという教訓が、確かに伝えられているかどうか、いま一度振り返ってみたい。一昨年、八木・緑井地区の地元の梅林小に建立された「広島土砂災害忘れまい8・20」と刻む慰霊碑や、76人に上る犠牲者が無言で訴えているのはそういうことではなかろうか。

防災は、ハードに頼るだけではなく、市民一人一人の普段からの意識と備えが切に求められる。悲しみの8・20を控えて、私自身もあらためて気を引き締めたいと思う。

コラム

❏中国新聞セレクト　エッセイ「想」『忘れえぬシルエット』

（平成30年8月22日付）

記憶を辿れば、小学生4年生の時、伊勢湾台風に遭遇してから現在まで、不思議なくらいにたくさんの自然災害を体験してきた。そして2014年8月20日。広島土砂災害のあの日遠くから現場を望むことしかできないまま、言いようのない息苦しさと無力感にじっと耐えていた。翌日から、早朝4時には可部街道（国道183号）沿いの歩道を現場に向かって近づける所まで歩くことが日課になった。日の出までの静かな一人きりの時間。目をつぶれば、今も思い出す影絵のようなシーンを伝えておきたい。とぼとぼと歩みを進める私の横を、自動二輪車の荷台にスコップをくくり付けた人が、ポツリ、ポツリとゆっくりとしたスピードで追い越して行った。初めは何の気なしに見ていたが、ふと気付けば彼らは災害現場に救援に向かっていたのだった。かわたれどきの薄明かりの中で、寡黙な後ろ姿のシルエットは鮮烈だった。その人々の心に何があったかは知る由もない。ひょっとすると友人がいるのか、親族がいるのか……。まだ明けやらぬ早朝から、ハンドルを握って被災地に向かう人々にとって大切な人が途方に暮れているのかもしれない、と思うと自然と涙があふれた。太陽が昇り始めた光の輪郭を通して、ゆっくり遠ざかる背中

■中国新聞オピニオン「今を読む」への寄稿から

で「生きる」意味の大切さを教えてもらった。災害ボランティアの原点を見たような気がした。

この7月の西日本豪雨の被災地には、遠方から続々と心優しい救援者たちが集まっている。阪神・淡路大震災で本格的に芽生えた災害ボランティアの輪は、今では国民的なアクティビティーに広がったことに驚嘆する。このたびの災害による被災者の方々の心情を推し量りながら、もう二度とこんな悲しみの大地と直面しなくて済むよう、私にできることは何だろうと考えながら、4年前の災害現場近くに立つ「広島土砂災害　忘れまい8・20」の石碑の前で、あの孤独なシルエットを思い出している。

(5) 豪雪と立ち往生〜社会の仕組みに再考促す（平成30年3月13日付朝刊）

この冬は、記録的な寒波が日本列島を襲い、福井県の国道では、千台を超えるトラックが大雪に進路を阻まれて立ち往生した。北陸自動車道が通行止めになったため、多数の自動車が並行する国道へ迂回して渋滞が発生。折から短時間の大量の降雪により、1車線の国道では大型車の脱輪やスタック現象により動きが取れなくなったという。

猛烈な降雪と寒さの中、救助のため出動した自衛隊員や国土交通省関係者の昼夜を分かたぬご苦労には頭が下がるばかりだ。だが、数日前から大雪は降り続いていたにもかかわらず、なぜ毎年のように多数のトラックの立ち往生が発生するのだろうか。

地震などの突発的な災害は無理としても、あまたの自然災害に対する防災対策の第一は速やかな「事前避難」である。米国では、巨大ハリケーン来襲時は、数日前から徹底して危険地域市民を避難させ、企業や商店も休業する。世界の金融をリードする証券取引所の閉鎖すらいとわない。災害が発生する前に、できる限りの避難を行う「防災の基本」が確実に実行されているといえよう。

◇　◇

■中国新聞オピニオン「今を読む」への寄稿から

それでは、わが国はどうか。近年、国民の防災意識は飛躍的に高まり、それぞれの地域で自主防災活動が活発に推進されている。だが注意しておきたいのは、現在の防災活動は過去に発生した巨大災害をモデルにしており、身近に発生する豪雨や大雪などから命と生活を守るための日常防災が着実に推進されているとは言い難いことである。

また、災害対策基本法第60条による避難勧告や避難指示も、市民に避難行動を命じて強制するものではなく、あくまで一人一人の自主的な判断が原則である。

今回の雪害についても、鉄道や航空機など公共輸送機関がすべて運休している中、トラックはいつもと同じ時間に、同じルートをたどって、国民の生活を守るため役割を果たそうとしたことに始まる。トラック輸送は個人事業主も多く、複雑かつ多様化した現代の流通システムの中で、配送には分単位の正確さを強いられる過酷なビジネスだ。

いっときの見合わせも許されない厳しい事業環境が、深々と雪に埋もれたトラックの長蛇の列を発生させる根底に横たわる現実に、私たちは目をふさいではなるまい。

結果的には時間のロスや積み荷の損害などを出し、救助のための多大な行政コストも無視できない。現代の物流システムについて、あらためて防災を最優先にすべき根本的な見直しが求められよう。

◇　◇

振り返れば、これまでの台風の接近時にも「午後には直撃の恐れ」という切迫した予想が発表されていても、都会では、早朝から黙々とそれぞれの職場に急ぐ市民の姿が絶えない。こんな非常時にもかかわらず、なぜ出勤しなければならないのだろうか。いざという時の帰路は確保されているのだろうか、という疑問と不安に慄然としてきた。

現代社会は、個別の事情にはかかわりなく、何があっても止めてはならない大きな動輪を回し続けているかのようだ。次第に風雨の強くなりつつある街路を出勤する人々は息苦しくなるほどに無機質であり、あまりにも無防備ではないか。

「災害大国」であるわが国で、このような産業社会とライフスタイルが今後も続くならば、決して終わることのない自然災害との闘いにとって最大で最後の障壁になることには間違いない。

防災はハード対策やマニュアルの整備だけでは決して達成できるものではない。人間社会のあらゆるシステムが「減災」という目的に向かって足並みをそろえて行動する必要がある。その上で市民一人一人が日々の生き方として、自ら足元の防災対策を向上させていくことが求められる。

■中国新聞オピニオン「今を読む」への寄稿から

この機に、しばし立ち止まり、私たちがこのところ遮二無二推進してきた「防災」活動そのものをさらに広い視野で見直す必要があろう。

(6)災害とボランティア文化~むしろ若者から学びたい（平成30年7月17日付朝刊）

ここ数日、テレビニュースを見ながら思わず涙が出る。被災者の皆さんの悲しみと無念を伝えるシーンもそうだが、遠くから映しだされる救助隊による安否不明者の捜索活動の様子がとても悲しくて。

あの土の下に、まだ知られずに多くの人が…。早く帰ってきてほしいと心中祈っている。その傍らで被災した街は日々復興への動きが加速しているのも頼もしい。災害の時、いつも被災地で感じるこのアンチノミー（二律背反）をどのように整理すればよいのか—。被害の全体像を把握することができないまま、立ち尽くすばかりである。

このたびの西日本豪雨では、恐らく市民の10人に1人は、親族のみならず友人などに直接、間接の被害があるだろう。そんな折、ある女子学生からメールが届く。

「ボランティアをしたいのですが、どこへ行けばいいのでしょうか」。被災地には容易に入れなくなった老骨の身としては「私も行く」と言えず、消防団の若い友人を紹介し「必ず保険に入ってから」と応じるのがやっとだった。しばらくしてから「明日は似島に行きます」「8

月と9月は時間の許す限り、ボランティアに出掛けます」返信があった。これにもホロリとした。

言うまでもないが、災害からの復興はよそからの支援を期待するまでもなく、最終的には自助と共助で進めていかなければならない。心優しい若者たちを受け入れる仕組みさえ定かでない被災地も多いが、いつの間にか、誰に言われるまでもなく自ら立ち上がる若者も増えてきた。

若者たちが、スマホを一度しまって立ち上がろうとする時代に、市民社会の側がその人たちをいかに柔軟に受け入れ、協働していくかという新しい課題が問われようとしている。阪神・淡路大震災をきっかけに生まれた「災害ボランティア」の文化は、ここにきて未来への限りない希望を育んでくれているように思う。

阪神・淡路大震災当時、関西に勤務していた私の忘備録の中に「被災社員の支援を忘れるな」という項目がある。バブル崩壊の後だったとはいえ、まだ20世紀の成長神話に縛られた当時の日本社会にあっては、いかなる災害や事故が起きても企業活動は継続することが大前提だった。被災した社員のことは二の次だったからこそ、こうメモしたのだろう。

その思いは、災害時の事業継続計画（ＢＣＰ）策定の講演でも忘れないで話している。工場が被災しても、サプライチェーンの川下にある企業の生産活動に支障が出ないよう、素早く最低限の自社製品を提供し続けるという使命は、現代資本主義社会の最低限のルールであると考えられている。

この発想は、市民にも平時と同じ行動パターンを求めるのだ。流されたり壊れたりした自宅の後片付けもそこそこに、道路や鉄道が寸断された中をフェリーやバイクで数時間かけて職場や学校を目指す。そうした人たちは今回も少なからずいただろう。

先日の大阪府北部地震の時も驚かされた。大勢のビジネスパーソンが夕方から夜にかけて、かなりの距離を歩いて帰宅する姿がテレビに映し出されたからである。「なんで、会社はもっとはよ帰らせへんのや」と声に出して憤った。「この時は大半の通勤列車が速やかに運転再開するめどが立っていなかったのだから、日中の帰宅を呼び掛けるか、自宅待機を指示すべきだった。帰宅困難者問題の出発点が違っているのだ。

個々人の判断に任せた企業もあったようだが、あぜんとしてしまう。日本人は勤勉だから、というのではもはや通用しない。この現象の原因をしっかり解明する必要があるだろう。災害が多発する今の日本で、一つでも無用の混乱を避けることが、安心と安全につながるはずである。

ことあるごとに強調されてきたＢＣＰだが、「悲しむ権利」や「人として生きる権利」をかなぐり捨ててまで事業継続に重きを置く価値があるのだろうか。炎天下にボランティアとして被災地に集う多くの若者たちの姿を見ながら、私たち大人は何か大切なものを置き去りにしたのではないかという気持ちにもなる。

(7)西日本豪雨の教訓〜早めの避難　後押しできぬか（令和元年4月22日付朝刊）

昨年7月6日の西日本豪雨から間もなく1年——。

あの夜、日付が変わろうとする頃、十数人が避難していた広島市安佐南区の小学校へ、ずぶぬれになりながら2人の女子学生がやってきた。

「一人で部屋にいたら怖くなって、近くの友達を誘って避難してきました」。私は乾いたタオルを差し出しながら、この時間、彼女たちと同じように一人で不安におびえている人々がどれほどいるかと思いつつ雨が激しくなってきた暗闇を見詰めた。

その頃、西日本各地では土石流や洪水が相次いで発生し、某大な被害が発生しようとしていた。大雨特別警報も発表され、避難指示が繰り返し伝えられた。私は安否を気遣って、友人や知人に電話をかけ続けた。だが、拍子抜けする反応も少なからずあった。「大丈夫だ。ここに住んで30年になるが、災害に遭ったことなど一度もないよ」「さっきテレビで気象情報を見たし、ハザードマップも点検したけれど、この地域は安全です」。

「いいえ、数年前から、わが国の気象は新しいステージ〉に入ったと言われています。今まで災害がなかったところも、いつ、何が起きるかわかりません。早く逃げてください」と私は語気を強めた。これからは漠然と防災意識の向上や早期の避難を訴えるだけではだめだ。過去の経験や知恵だけでは役立たない時代に入ったことを、正確かつ具体的にお伝えしなければならないと痛感した。

◇　◇

一方でこんな声もあった。「避難しようと思っていたんですが、一人では不安。家族の帰りを待って外に出たら、既に膝まで水が上がっていたので避難を諦めて2階にいます」「近所の人が誰も避難しないので安心していましたが、家の前の川が氾濫してもう外に出られません」

そんな、か細い声に、じっとしていられない気持ちにもなった。地域防災力向上の活動を、今まで懸命に進めてきたのに、実際に救いの手が必要な人にさえ十分届かないのは無念だった。

公的機関は日頃から避難行動を強調する半面、人口の多い地域では指定避難所の収容能力が十分ではない。「避難に関する情報」は直ちに避難行動を必要としない最新の堅固な住宅の住人も含めて、広範囲に一斉通知される。このようなつじつまの合わない問題にふたをしたままの防災キャンペーンは、速やかに是正しなければなるまい。そういう曖昧さが、日常の防災への無関心につながっているとも考えられるからである。これからは漠然と防災意識の向上や早期の避難を訴えるだけではだめだ。過去の経験や知恵だけでは役立たない時代に入ったことを、正確かつ具体的にお伝えしなければならないと痛感した。

避難勧告や避難指示（緊急）は気象台や国土交通省河川事務所の情報を基に市町村長が発表する。あわせて今年から、災害気象情報に「レベル1～5」が追加された。市民は「レベル4（避難勧告・避難指示）」の発表に従って速やかに避難せよという設定である。

これまでの災害の教訓や被災現場の状況から学んだ「早め」の避難とは何か。公的な勧告や指示を待たず、災害危険地域に住む人々はお互いに声を掛け合い、手を取り合って「明るいうちに」自主的に避難することだろう。

◇　◇

突発的な地震や津波はともかく、風水害については、最先端レーダなどの整備により、気象台の観測態勢がかなり充実してきたと聞いている。市民主体の「早め」の避難を後押しする気象情報の発表はできないものか。災害多発時代にあっては、もはや警告の「空振り」は誰も恐れないことを付言したい。

「減災」という言葉が当世流だ。災害が発生することは抑止できないまでも、その被害をできるだけ少なく抑える対策を実施しようという発想だろう。言い換えれば、少々の被害は仕方がないとも受け取れるのではないか。

■中国新聞オピニオン「今を読む」への寄稿から

自然を畏怖する心情は大切だが、12世紀に入って「異常気象の連鎖」が想定される状況にあって、たとえ大方の意見でなくても、被害を受容、容認するような腰の引けた心構えでいいはずがない。当たり前のことではあるが、「ひとりも命をなくさない防災」を願ってやまない。

(8)水害の脅威~事前防災　どう実現するか（令和元年11月26日付朝刊）

先日、長野県の台風19号被災地を訪ねる機会があった。千曲川は6か所で堤防が決壊し、ほかにも、越水した地点がある。水流の激しさと、それを制御することの難しさにあらためて衝撃を受けた。

決壊箇所の応急修理はほぼ終わっていたが、素人目に見ても川幅に比べて堤防がいかにももろいと感じた。自治体は氾濫発生の数時間前から浸水の恐れと早期避難を伝えていたというが、濁流に押し流される家屋や手塩にかけたリンゴ畑への愛惜の情は、私たちよそ者には計り知れないものだったように思う。

わが国では、国土面積の10%にすぎない沖積平野の想定氾濫区域に総人口の50%、資産の75%が集中している。河川法に基づく河川だけで約6万4千、支流は数え切れない。大自然が造りだした河川、つまり「自然公物」の安全確保のため、国や自治体は営々と改修を続けているが、昨今の異常気象による大雨の被害にハードだけで対応することは容易ではない。

台風15号で房総半島が大な被害を受けたばかりだったこともあり、猛烈な勢力に発達して本土に近づく台風に、気象庁はいつにもまして早くから厳重な警戒を呼びけた。航空機や鉄道などの共交通機関は最接近の前日までに「計画運休」を発表。進路に当たると予測される地域では、「命を守る」ため「最悪の事態を想定して」万全の備えをしたはずだった。

だが、東日本を中心に71の河川で百数十か所に及ぶ氾濫や破堤が発生する途方もない大災害となった。想定外の支流の氾濫、大きな河川に流れ込めなくなった小さな支流のバックウォーターによる同時多発の堤防決壊など、防災に大きな課題を残した。

このような事態態を、河川行政は想定しなかったのだろうか。近年、中小河川の中州に草木が生い茂ったり、干潮時には川底が露呈したりしているところがあり、日頃の流水量はかなり減少している。加えてダムの「事前放流」は日本豪雨の教訓として心に刻まれていたはずである。

にもかかわらず、事前放流によって推移を減らす措置を取ったダムは、実際に緊急放流を行った6か所のうち2か所だったという。水系一貫管理のもとでは下流に多くの利水権利者が存在するため、事前放流に困難な面はあろう。

しかし過去の災害の教訓や検証会議の提言が、確実かつ適切に実施されないことは、今後の防災対策のあり方に深刻な問題を投げ掛ける。地域の自主防災組織がどう動いたのか見えてこないのも課題である。

◇　◇

ことは河川行政だけの問題ではない。長野新幹線車両センター（長野市）や阿武隈川沿いの福島交通バス車庫（福島県郡山市）の水没によって、復興のカギとなるべき公共交通にも大きな被害がもたらされた。ハザードマップが浸水危険地域として注意喚起をしてきた低湿地帯にあるのに、当事者が古い災害の記録に学ぶことを軽んじてきたことにも一因にあろう。

一方、暴風雨にさらされても都心の被害は少なかった。十分な能力を持った地下排水路が備えられていたからだろう。多くの場合、災害は受託環境整備の不十分な周辺地域で発生する。このたびも国土開発と地方行政のありようについて本質的な議論がなされないまま、一か月が過ぎた。

悲しむ間もなく多くのボランティアに支えられて復興へ歩んでいる被災地の様子に、思わず立ち竦んだ。次の災害への事前防災はどのように実現されるのだろうか。

災害が発生するたびに住む場所の危険性を自ら把握し、災害に遭う可能性があるなら早めに避難することが重要だと、教科書通りのアドバイスがなされる。むろん、それは望ましい形だが、高齢化がますます進展する地域社会である市民一人一人が災害の危険を自ら把握し早めに避難せよ―という自己責任論が、果たして人としての道だろうか、疑問に思う。

このたびの災害でも、犠牲者の7割以上が60歳を越えていたという。災害弱者を切り捨てるような防災対策にはくみしたくない。

あとがき

　わが国の地域における防災活動は、現在、どのレベルにあり、どのような姿を目標として推進されるのが望ましいかについて、それぞれの地域を訪れて途方に暮れることが多い。

　昨今は、当然のように「早期避難」が叫ばれるが、災害時に、後顧の憂いなく自宅を空にして避難所に駆け込むのは、誰もが簡単に受忍できる行動ではあるまい。命の危険とのトレードオフに直面して初めて現実化する選択肢であろう。ましてや、昨今は、避難した家屋を狙う犯罪が横行している物騒な世相である。

　「避難勧告等に関するガイドライン」（内閣府（防災担当））が2019年3月に改定された。住民は「自らの命は自らが守る」意識を持ち、自らの判断で避難行動をとるべきであるとの方針が明示されるとともに、防災気象情報と5段階の警戒レベルがリンクして発表されるようになった。しかし、防災は、未来志向の前向きなテーマでないこともあって、容易に「国民総合の意思（もしくは希望）」にはならないし、各自治体や地域コミュニティの独自性もあり、全国的に統一のとれた活動とはなりえない。また、政府や自治体も、災害対策基本法等に依拠したガイドラインは定められても、住民や企業に対して一定の強制力ある命令や条例等により、防災行動をダイレクトに指示することには少なからず躊躇がある。防災活動は、あくまで、自主的・自覚的な活動であることが民主主義の基本でなければならない。

思えば、２００５年の夏に始まった『地球温暖化防止キャンペーン』の一環としての省エネ運動を振り返えると、当時の小泉首相、小池環境大臣をはじめとして霞が関の官僚が率先して、ネクタイを外すなどビジネスファッションを軽装にあらため、それをマスコミが大々的に報道した結果、「クールビズ」は、瞬く間に国民に定着した。これは、国家的プロパガンダであり、いわゆる「思想善導」の類として、明らかに民主主義のルール違反であった。国民意識の操作（世論操作）は、事理の是非は問わず、安易に行うべきではない。常態化すれば、国民は、大量のマスコミ報道と優れた広告パーソンの英知を結集した心理操作技法によって意のままに操られることになる。このような現象に無関心（無神経）になることが民主主義を蝕む。しかし、切迫する次の大災害に立ち向かうわが国の地域防災力向上への歩みがあまりにも遅速であり、上

講義中の筆者

に述べたように『地球温暖化防止キャンペーン』と同様の政治的広報手法を採用すれば、国民の危機意識は飛躍的に高揚し、災害に対する「覚悟と備え」が推進されるのではないかという強い誘惑にかられている。

災害対策基本法が制定された当時と比べて、災害発生の多様化、広域化、激甚化が著しい。伝統的な土地神話、生活感情、職業観や人生観の問題として、今後とも、防災をそれぞれの自己決定（自分ごと）に任せることがほんとうに望ましい統治のあり方だろうか。災害から恒久的に回避できる国土再開発計画が切実に求められ、「命を守る」ため強力なパターナリズムの発揮によって私的所有権および居住・移転の自由の制限が許されるかという命題でもある。

今後とも、防災士養成講座や地域防災リーダー育成を通じて、実効性のある地域防災力の向上に邁進したいと決意を新たにしている。

―「たとえ明日、世界が滅亡しようとも今日、私はリンゴの木を植える。Even if I knew that tomorrow the world would go to pieces、I would still plant my apple tree. : Martin Luther」という透徹した覚悟が、災害多発の時代に隣人の「命を守る」ために貴重な生の時間の一端を捧げようと決意をしたともがらと分かちあえる心の羅針盤ではなかろうか。

本書を刊行するにあたっては、ＮＰＯ法人日本防災士会常務理事・事務局長甘中繁雄様と近代消防社三井栄志社長に大変お世話になった。改めて感謝を申し上げたい。

令和２年３月11日　東日本大震災から９周年の日に

松井　一洋

【つ】

【て】

【と】

【な】

【に】

【の】

【は】

【ひ】

索　引

索　引

《著者紹介》

松井一洋（まつい　かずひろ）

広島経済大学名誉教授

全国の防災士養成研修（防災士研修センター）における講義は、2020年３月末で450回（900時間）を超える。

1949年　大阪府堺市生まれ
1974年　早稲田大学卒業
1995年　阪神・淡路大震災に被災
1996年　KANSAIライフライン・マスコミ連絡会事務局長
2001年　NPO日本災害情報ネットワーク理事長
2004年　広島経済大学教授

著作：『あの日、あのとき…何ができて、何ができなかったか』（放送文化基金）
『災害情報とマスコミそして市民。』（里山書房）
『断層を超えて～今こそ、災害文化創造の「場」と「物語」を』（朝日新聞社「論座」2005年２月号）ほか

KSS 近代消防新書

018

市民防災力

―うち続く大災害にどう備えるか―

著　者　松井　一洋

2020年７月１日　発行

発行所　近代消防社

発行者　三井　栄志

〒105-0001　東京都港区虎ノ門２丁目９番16号
（日本消防会館内）

読者係（03）3593-1401㈹

http://www.ff-inc.co.jp

ISBN978-4-421-00936-1　C0230

価格はカバーに表示してあります。